相模原事件・裁判傍聴記

「役に立ちたい」と「障害者ヘイト」のあいだ

雨宮処凛
Amamiya Karin

太田出版

CONTENTS

4……まえがき

28……1月8日　第1回公判
思ったよりも妄想がひどい？
検察による冒頭陳述／弁護士による冒頭陳述／翌朝、横浜拘置所にて指を噛みちぎる

42……1月10日　第2回公判
夜勤職員の調書

46……1月15日　第3回公判
遺族の供述調書読み上げ
美帆さんの母の手記

49……1月16日　第4回公判
遺族の供述調書読み上げ・続き

54……1月17日　第5回公判
証人尋問に元カノ登場

58……1月20日　第6回公判
植松被告、30歳の誕生日
「戦争をなくすため、障害者を殺す」
高校時代の彼女の供述調書／友人たちの供述調書／教育実習では高評価／衆院議長公邸前で土下座

77……1月21日　第7回公判
後輩女性の供述調書読み上げ

79……1月24日　第8回公判
初めての被告人質問で語った
「幸せになるための七つの秩序」
新日本秩序／午後の法廷でも暴走／イルミナティカード／トランプ大統領を絶賛／「ベストを尽くしました」

104……1月27日　第9回公判
やまゆり園で虐待はあったのか？
「2、3年やればわかるよ」

109……1月30日　植松被告と面会。
「雨宮さんに聞きたいんですけど、処女じゃないですよね？」

121……2月5日　第10回公判
遺族、被害者家族からの被告人質問
甲Eさん弟から植松被告への質問／
尾野剛志さんから植松被告への質問／
法廷が「やれたかも委員会」に／裁判員からの質問

140……2月6日　第11回公判
これまでのストーリーが覆る。
「障害者はいらない」という作文
親との関係／「心失者」の定義／「障害者はいらない」／
「テロ」とは言われたくない

157……2月7日　第12回公判
精神鑑定をした大沢医師が出廷

159……2月10日　第13回公判
精神鑑定をした工藤医師が出廷

161……2月12日　第14回公判
「大事な一人息子に私は
死刑をお願いしました」

163……2月17日　第15回公判
美帆さんの母親の意見陳述
美帆さんの母親、意見陳述／検察から、死刑求刑

169……2月19日　第16回公判
結審の日
最後の言葉／裁判員のうち2人が辞任／
3月15日　神奈川新聞に「障害者はいらない」という
作文についての記事掲載

175……3月16日　判決言い渡し
「被告人を、死刑に処する」
判決文、要旨／判決後の記者会見　尾野剛志さん／
やまゆり園・入倉かおる園長の会見／SOSだった？／
31日、植松被告の死刑が確定

194……対談
渡辺一史×雨宮処凛
裁判では触れられなかった「植松動画」と入所者の「その後」

215……あとがき

まえがき

法廷の植松聖《さとし》被告は、逮捕直後の映像と同一人物だとは思えなかった。

金色に染められていた短髪は真っ黒な長髪となり、後ろで一つに結ばれている。

細身の長身を想像していたのだが思ったより小柄で、がっしりした身体つき。

それまでの映像から、「派手」な印象を抱いていたものの、実際に目にする植松被告に華やかさはなく、一言でいうと「もっさり」した男だった。声は高く、言葉遣いはいつも奇妙なほどに丁寧だった。

相模原の障害者施設で45名を殺傷した男は、法廷でも自説を主張し続けた。

「重複障害者を生かしておくために、莫大な税金が使われています。お金がなくて戦争するなら、もっと考えることがあるはずです」

この言葉は、植松被告が事件前、友人に送ったＬＩＮＥである。

同じような内容のものを、彼は実に多くの友人たちに送っていた。それは高校時代の元カノにまで及ぶ。

「障害者470人を抹殺できる」と、それが「世界経済と日本のため」だと衆院議長に宛てた手紙に書いた植松被告は、逮捕後も獄中で「日本の借金問題」についてさかんに言及してきた。

「日本は社会保障を充実させていって1000兆円もの借金を抱えることになりました（著者注 実際は1000兆円と言われている）。あなた自身はそれをどう思いますか？」

「僕の言うことを非難する人は、現実を見てないなと思います。勉強すればするほど問題だと思いました。僕の考え、どこか間違っていますか？」

「日本の借金だってこれ以上もう無理ですよ。これで大地震でも起きたら無茶苦茶になりますよ」

「障害者は、他人のお金と時間を奪っています」

借金はいけない。人に迷惑をかけることもいけない。国の将来を憂い、危機感を持っている。お金がなくて戦争するなんて悲劇もなくしたい。それらの思いをすべて凝縮し、危機感と正義感をもって彼が実行したこと。それが障害者の大量殺戮だった。

そんな相模原障害者施設殺傷事件から3年6ヶ月の2020年1月8日、横浜地裁で裁判が始まった。

罪状は、「建造物侵入」「殺人」「殺人未遂」「逮捕致傷」「逮捕」「銃刀法剣類所持等取締違反」。16回にわたって行われた裁判員裁判のうち、私は8回を傍聴した。

振り返れば、何もかもが異例づくしの裁判だった。まず、裁判がハイスピードすぎた。気がつけば、あっという間に終わっていた。公判の時間は初日を除いて10時30分から16時45分とされていたが、時間いっぱい使われたことはほぼなく、だいたい早めに切り上げられた。時には午前と午後合わせて2時間もないような日もあった。

殺害された犠牲者、負傷した被害者のほとんどが匿名だったことも異例だった。

遺族や被害者家族が座る傍聴席の右半分が白い衝立で覆われているのも初めて見る光景だった。

初公判で植松被告は、右手の小指を噛み切ろうとして取り押さえられ、休廷となった。以来、法廷の植松被告には6人もの屈強な刑務官がつきっきりとなった。

裁判が結審した後、6人いた裁判員のうち、2人が辞めたことも異例中の異例だった。

そんな裁判中の1月20日、植松被告は30歳の誕生日を迎えた。

そして裁判中盤の2月5日、横浜地裁からほど近い横浜港に停泊していたクルーズ船、ダイヤモンド・プリンセス号で、新型コロナウイルスの集団感染が発覚した。以来、クルーズ船内の感染者は爆発的に増えていく。不穏な「コロナ時代」の幕開けとともに、裁判は結審。植松被告は死刑を宣告された。

なぜ、この裁判に通ったのかということをまずは語らなければならないだろう。

事件が起きた時から、あの事件と日本社会の「空気」について、考えてきた。

例えば冒頭で書いたように、植松被告は逮捕後、日本の借金を憂える発言を繰り返している。日本は財政破綻寸前なんだから障害者を生かしておく余裕なんかない、という言い分だ。障害者を殺害した犯人が口にすることとさら「異常さ」が際立つその言い分はしかし、私たちの日常に溶け込んでもいる。

いつからか「高齢化」が報じられる時は「医療費にこれだけの金がかかっている」などとお荷物感とセットで語られ、「日本は少子高齢化で社会保障の財源がないんだから、ある程度〝命の選別〟をするのは仕方ない」という空気は、気づけばこの国を覆っている。10年前だったら口に出すのがはばかられた考えだろう。が、残酷な「本音」が「建前」を打ち破り、「命は大切だ」というような「正論」を口にする者が「現実を何もわかっていない」と嘲笑される光景があちこちにある。

そんなこの国に溢れる「生産性」「迷惑」「1人で死ね」という言葉。

「わたしの教え子で障害者福祉に携わるものに言わせると、植松青年の犯行の原因は、『優生思想でも、なんでもない。単純な嫉妬ですよ』ってことです。社会的に何もできないものが、優遇されてノウノウと生きているのに対するやっかみだって。それに引き換え、おれは生活保護一つ取るのだって大変なのに、という」

この言葉は、雑誌『コトノネ』32号に掲載された最首悟さん（和光大学名誉教授）のものだ。重度障害がある三女を持つ最首さんはインタビューで、19人を殺害した植松被告についてこのように述べたのだ。

その言葉に、深く頷いた。貧困の現場で14年にわたって活動を続ける私も、わかりやすい弱者性のない「マジョリティ」の嫉妬じみた感情が爆発寸前になっているのを感じる。

振り返れば、00年代前半には「公務員バッシング」があり、10年代には「生活保護バッシング」があった。バブルの頃は誰も公務員など羨ましがらなかったのに、格差・貧困が拡大すると「安定、高収入」と非難されるようになり、また人々の暮らしが地盤沈下していくと、生活保護を受けている人がバッシングの対象となった。そしてこの数年広がっているのは「障害者ヘイト」だ。障害者だけでなく、公的な支援の対象となる者に「特権だ」と言いがかりをつける人がいる。

障害者が「守られて」いるように見えるのは、おそらく障害も病名もない人たちが「死ぬまで自己責任で競争し続けてください。負けた場合は野垂れ死にってことで」という無理ゲー（難しすぎてクリアするのが無理なゲーム）をこの20年以上、強いられているからだろう。本当は苦しいけれど、弱音を吐いた瞬間に落伍者とみなされてしまう。だから、「弱者」が「守られている」のが許せない――。おそらくそんな気分の同一線上に、ベビーカーで電車に乗る人を執拗に非難する「子連れヘイト」があり、駅などで女性だけを狙ってぶつかってくる「わざとぶつかる男」がいる。

この20年以上、生産性が高く、役に立つ自分を全方向にプレゼンし続けなければ生きる価値がないという強迫観念に、多くの人が苛まれている。毎日、毎分、毎秒。そんな中、「怠けて楽して得している」ように見える「誰か」へのささやかな殺意が本人も無意識のまま、胸の中でくすぶりながら肥大し続けている。

そんなこの国で、16年夏、「あの事件」が起きた。

そうして2020年、新型コロナウイルス感染拡大の中で、実際に「命の選別」が行われている。

医療崩壊と言われたイタリアでは、高齢の患者よりも若い患者に呼吸器がつけられ、感染者が爆発的に増えたニューヨークでも、助かる見込みの高い患者に呼吸器が優先されるという現実が起きていた。

災害時などで多数の傷病者が発生した場合、緊急度や重症度に応じて治療の優先度を決めることを「トリアージ」と呼ぶ。ちなみに19年夏から植松被告が『実話ナックルズ』で連載を始めた漫画のタイトルも「トリアージ」。そしてコロナ禍の4月はじめ、アメリカのアラバマ州では、重度の知的障害者や認知症の人は、人工呼吸器補助の対象になる可能性が低いというガイドラインが出された。このガイドラインはその後撤回されたものの、州によっては「重度障害者が所有する人工呼吸器もトリアージの際には取り上げる」と解釈できるガイドラインが生きている (http://www6.NHK.or.jp/baribara/lineup/single.html?i=1329 NHKバリバラ　2020／5／7 新型コロ

ナ　世界では何が起きている?」)。
5月には、医療現場が逼迫する日本でもある動きがあった。大阪市の医師が、高齢者向けに「集中治療を譲る意志」を表示するカードを作成したのだ。カードを作った医師は「高齢者に署名を推奨するものではまったくない」と言うが、「限られた医療資源でどう命を救うか」という課題が今、私たちにこれまでないほどリアルな問いとして突きつけられている。


ここで、事件について振り返ってみよう。

16年7月26日午前1時27分頃、植松被告は津久井やまゆり園の近くに車を止めた。車内で彼はSNSに「世界が平和になりますように」「beautiful Japan!!!!!!」と投稿(が、犯行後、送信されていないことに気づく)。スーツ姿で赤いネクタイを締めた自分の写真も添えた。ちなみに金髪を含め、このスタイルは当時大統領選に出馬していたドナルド・トランプ氏を意識したものらしい。

午前2時頃、5本の刃物、ハンマー、ガムテープ、結束バンドが入ったバッグを持ってやまゆり園に侵入。女性の入所者が暮らす東棟の窓ガラスをハンマーで叩き割って入った。ハンマーは窓を割るため、前日にホームセンターで購入したものだ。女性職員の方が拘束しやすいという思いから、女性の棟から入ったのである。

刃物を持った植松被告は、職員を拘束しながら入所者を次々と刺していく。この時点でやまゆり園にいたのは入所者149人、短期入所利用者が8人の計157人。入所者149名のうち、障害支援区分6(最重度)が116人、区分5が31人、区分4が2人だった。当直職員は、8人。うち5人の職員が拘束された。

植松被告は職員が逃げると暴力を振るい、「殺す」と脅し、また携帯や園のマスターキーを職員から奪った。このことによって、「はなホーム」「にじホーム」などいくつものユニットに分かれていた施設内を自由に移動できることとなる。

入所者を刺すか刺さないかの基準は、意思疎通ができるかどうか。拘束した女性職員を連れ回し、1人ずつ「しゃべれるか、しゃべれないか」を確認して「しゃべれない」者を刺していった。途中、女性職員がその意図に気づき、話せない人に対しても「しゃべれます」と答えるようになると、「嘘をついている」と思い、自分で判断するようになった。

刺す場所は、最初は胸。心臓を狙って刃物を振り下ろしたが、肋骨に当たって包丁が折れたり曲がったりしたため、途中から首を刺すようになった。

犯行の途中、6人目の職員の拘束に失敗。午前2時48分、園から逃走。そのまま車でコンビニに行き、自身の傷(包丁が曲がって怪我していた)を洗ってからコーラとタバコ、エクレアを買う。車の中でタバコを3本吸い、コーラをがぶ飲みし、エクレアを食べた。おそらくこの時、「世界が平和になりますように」「beautiful Japan!!!!!!」という言葉と自らの写真がSNSに投稿されていないことに気づき、再送信したのだろう。コンビニからもっとも近い警察署である津久井署は車で5分ほど。エクレアを半分食べたところで津久井署に到着したという。

そうして3時5分、「今、やまゆり園で起きた事件の犯人は私です」と自首。

「どうしてこういうことをしたのか」と問われた植松被告は、「世界平和のためにやりました」と言ったという。


この日、43人の入所者が刺され、うち19名が死亡。拘束された5人の職員のうち2人が負傷した。

事件から3日後、私はやまゆり園を訪れ、手を合わせた。

以下はその時に書いた原稿だ。16年7月30日、共同通信から配信された。


叔母がこの事件を目にしなくて、よかった。

事件の第一報を聞いた時、思った。今年6月、肺がんで亡くなった叔母は、長らく障害者の権利向上を求める運動に携わってきた。それは自らの娘が知的障害を抱えていたからで、私のいとこにあたるHちゃんは十数年前、20代の若さで短い生涯を終えた。

身体は健康だったのに、たまたま風邪の菌が脳に入ったとかそんなことで、急激に体調が悪化。救急車を呼ぶものの「知的障害の人は受け入れられない」と病院に拒否された。自分の状況を説明できないからだという。

結局、翌日に受け入れ先の病院が見つかった時にはすでに手遅れの状態で、数日後に亡くなった。

今回の事件では、19人の命が失われた。あまりにもむごく、今でも信じられない思いでいる。同時に、報道などで繰り返される「かけがえのない命」「命は何よりも大切」という言葉にうなずきながらも、ふとした違和感も覚える。この社会は、果たして本当に「命」を大切にしてきたのだろうかと。

「ああいう人って人格があるのかね」「ああいう問題って安楽死なんかにつながるんじゃないかという気がする」

この発言は、1999年、東京都知事になったばかりの石原慎太郎氏が障害者施設を訪れた際に発した言葉だ。

一方、今年6月、麻生太郎副総理は高齢者問題に触れ「いつまで生きるつもりだよ」などと発言。また、2008年には「たらたら飲んで食べて、何もしない人の医療費をなぜ私が払うんだ」という発言もしている。

「かけがえのない命」と言われる一方で、その命は常にお金とてんびんにかけられる。費用対効果などという言葉で「命」は時に値踏みされ、いかに利益を創出したかが人の価値を計る唯一の物差しとなっているかのようなこの社会。

ちなみに、これまで障害者の事故死などをめぐる裁判で、彼らの逸失利益(将来得られたはずの収入など）は「ゼロ」と算定されるケースがままあった。重度障害者の場合、「働けない」とされてしまうからだ。逸失利益ゼロが不当として提訴した障害者の母親は「生きている価値がないのかと屈辱的だった。働くことだけが人間の命ではない」と述べている。

この国には、このように、命に対するダブルスタンダードがまかり通っている。軽く扱われているのは障害者の命だけではない。「健常者」だって過労死するまで働かされ、心を病むまでこき使われ、いらなくなったら使い捨てられる。その果てに路上にまで追いやられた人を見る人々の視線は、優しいとは言い難い。

事件から3日後、犠牲になった方々が生活していた津久井やまゆり園を訪れた。山を切り開いたような住宅街の中、緑に囲まれたのどかな場所だった。容疑者の住む家はそこから車でわずか5分ほど。深夜、容疑者はどんな思いで車を走らせ、施設に向かったのだろう。コンビニさえ辺りにない寂しい集落で、彼の悪意はどのように熟成されていったのだろう。

「死刑になりたかった」のではない。「誰でもよかった」のでもない。彼は衆院議長への手紙で「日本国と世界平和のために」とまで書いている。

痛ましい事件が起きた時だけ「命は大切」と言うのはもうやめよう。日頃から、社会が、そして政治が、私たち一人一人が命を大切にする実践をしなければならない。「稼いでいない者」をお荷物扱いするような言説を見つけければ声を上げ、自分の中に、近しい誰かの言動の中に差別やヘイトクライムの芽がないか、心を配ろう。

最後に。容疑者の手紙の言葉に対して全メディアにもう少し配慮した報道を望みたい。新型出生前診断が注目された頃、あるダウン症の子どもは「自分は生まれてこない方がよかったの？」と口にしたそうだ。

そんなこと、誰にも言わせてはいけない。

事件から3日後の思いは、今も変わっていない。

一方で、あれから今日に至るまで多く見聞きしてきたのは「植松被告に共感する」という人々の言葉だ。

特にネットには、「よくやった」と讃えるものや、彼の主張への支持を表明する意見が溢れている。事件は肯定できないものの、真剣に考えた結果、彼の言うことを否定できないという意見もある。日本の財政難は看過できる範囲を超えている。少ないパイを奪い合うような経済状況の中では、誰彼構わず救うようなことは不可能、植松は現実を見ている、という「冷静な」意見だ。

一部の、特殊な思想を持つ人の意見ではなかった。身近にも、彼を肯定する人はいた。たまたま参加した女子会で、20代の女性は植松被告を「正義の味方」と表現した。「あの人を否定する人は、現実が何もわかってない、甘い。障害者を世話するのがどれだけ大変か」。彼女に障害者介助の経験があるかどうかはわからない。が、全身から力が抜ける思いがした。綺麗事ではないということはわかる。しかし、それが「殺す」に飛躍し、本当に殺したのだ。面倒だから、大変だから、殺す。それで本当にいいのか？

事件から2ヶ月後、アナウンサーの長谷川豊氏はブログで以下のように書いた。

「自業自得の人工透析患者なんて、全員実費負担にさせよ！無理だと泣くならそのまま殺せ！」

ブログは炎上し、長谷川氏は仕事を失った。が、その後「日本維新の会」の公認候補となり17年の衆院選に出馬、落選。19年1月に再び日本維新の会の公認候補となるものの、5月、今度は部落差別発言が問題となり出馬は取りやめとなった。

18年1月には、優生手術を受けた女性が国を提訴。以降、同様の訴訟が相次いだ。旧優生保護法のもと、障害者が子どもを持てぬよう、強制不妊手術が行われてきたことが白日の下に晒されたのだ。

「優生上の見地から、不良な子孫の出生を防止する」

そう明記された旧優生保護法は、96年までこの国に存在した。厚労省によると、本人の同意が必要とされなかった不妊手術は1949年から92年までの間に、約1万6500件あったという。現在、多くの当事者が抗議の声を上げ、全国で提訴に踏み切っているが、不妊手術をされた人々は数十年間、沈黙を余儀なくされていたのだ。

18年夏には、『新潮45』誌上において自民党議員・杉田水脈氏の原稿が大きな批判を浴びた。

LGBTを巡って「生産性」という言葉を使ったことがその理由だった。しかし、そのずーっと前から、この国には「生産性がない者には生きる価値などない」「企業の営利活動に貢献できない者に生きる資格なし」といったメッセージが全国津々浦々まで浸透してもいた。

19年3月には、東京の公立福生病院で40代の女性が人工透析を中止し、その後死亡していたことが報じられた。女性は終末期ではないのに透析を離脱する選択肢もあると医師に提示されており、その結果決めた離脱だった。が、離脱後、「こんなに苦しいなら透析した方がいい。撤回する」と透析再開を求めたものの、再開されずに命を落としたのだ。この病院では、透析を始めなかったり中止したりして21人が死亡していることが判明。これらの対応が適切だったのかが大きな議論を呼んだが、病院に立ち入り調査をした日本透析医学会は、「中止の意思尊重は妥当」と結論づけた。

19年10月、女性の遺族は病院を提訴。が、財政難を憂える医師の中には公立福生病院のやり方に賛同する声も少なくないという。

19年6月には、川崎・登戸で無差別殺傷事件が発生した。小学生の女の子と保護者の2人が命を奪われ、加害者の50代のひきこもり男性はその場で自殺。これに対して「死ぬなら一人で死ね」という声が世に溢れた。

その4日後、東京都練馬区に住む44歳の男性が父親に殺害された。やはりひきこもっていたという男性は、殺害された日、近所の小学校の運動会の音に「うるせぇな、ぶっ殺してやるぞ」

と口にしたという。それを聞いた父親は「周囲に迷惑をかけたくない」「川崎の事件を知り、長男が人に危害を加えるかもしれない」と思い、殺害。法に触れることは何もしていない男性の命が奪われた事件だが、ネット上には父親に対する同情や賞賛の声すら上がった。

同じ6月、テレビで衝撃的な番組が放送された。NHKスペシャル『彼女は安楽死を選んだ』だ。難病である多系統萎縮症を患った女性がスイスに行き、安楽死をするまでを追ったドキュメンタリー番組である。

障害者団体DPI日本会議の加盟団体である「日本自立生活センター」は、放送を受けて同番組への声明を出した。そこには、番組の中で難病や人工呼吸器をつけた人の生が否定的に描かれていること、実際には人工呼吸器や胃ろうを用いて生き生きと自分らしく生きている人もたくさんいること、「生きたい」と「死にたい」の間で揺れている人々に対して、この番組は死ぬ方向に背中を押してしまう強烈なメッセージを持っていることなどが綴られていた。

その翌月に告示された参院選において、「日本でも安楽死制度を」と求める「安楽死制度を考える会」が候補者を選挙区、比例区で擁立。落選したものの、27万票近くを集めた。

が、同じ参院選では、重度障害者である2人が当選。れいわ新選組の舩後靖彦氏と木村英子氏である。舩後氏は40代でALS（筋萎縮性側索硬化症）を発症、全身麻痺で人工呼吸器を装着。木村英子氏は、生後8ヶ月で歩行器ごと玄関に落ちたことで障害を負い、10代終わりまでを施設で過ごした経歴を持っている。車椅子に乗る2人の当選は国会のバリアフリー化を押し進めただけでなく、世界的なニュースとなった。

19年9月、私は『この国の不寛容の果てに　相模原事件と私たちの時代』(大月書店)という本を出版した。事件のことを考え続け、しかし一人では答えなど出るはずもなく、神戸金史さん、熊谷晋一郎さん、岩永直子さん、杉田俊介さん、森川すいめいさん、向谷地生良さんの6人と対談したのだ。帯に「命の選別は『しかたない』のか?」と書かれた本書は、出版してすぐに版を重ねていった。

それから少しして、相模原事件の裁判が始まった。

裁判中、横浜拘置所にいる植松被告の面会にも行った。

法廷でも、面会でも、私は彼から暗くドロドロした「情念」や「心の闇」のようなものを、ほとんど感じることがなかった。秋葉原無差別殺傷事件を起こした加藤智大のネットの書き込みから立ち上る暗い情念や、京アニ事件容疑者の事件前の言動から匂い立つようなルサンチマンを、何一つ感じなかった。植松被告の言葉はいつもさらりと乾いていて、本人と対峙しても、どこか掴み所がないのだった。

そんな相模原裁判では、途中まで、以下のようなストーリーが信じられていた。

植松被告が「おかしくなった」のは事件前年。それまで普通だったのに、突然「意思疎通のできない重度障害者を安楽死させる」などと言い出した、それまで障害者への差別的言動なんてまったくなかったのに――。

しかし、第11回の法廷で、それは根底から覆された。

「障害者はいらない」

植松被告は、そんな作文を小学校低学年で書いていた。

さて、傍聴記を始める前に、ここでもう一度、彼が衆院議長に出した手紙を読み返してみよう（一部省略してある）。

衆議院議長　大島理森様

この手紙を手にとって頂き本当にありがとうございます。

私は障害者総勢470人を抹殺することができます。

常軌を逸する発言であることは重々理解しております。しかし、保護者の疲れきった表情、施設で働いている職員の生気の欠けた瞳、日本国と世界の為と思い居ても立っても居られずに本日行動に移した次第であります。

理由は世界経済の活性化、本格的な第三次世界大戦を未然に防ぐことができるかもしれないと考えたからです。

私の目標は重複障害者の方が家庭内での生活、および社会的活動が極めて困難な場合、保護者の同意を得て安楽死できる世界です。

重複障害者に対する命のあり方は未だに答えが見つかっていない所だと考えました。障害者は不幸を作ることしかできません。

今こそ革命を行い、全人類の為に必要不可欠である辛い決断をする時だと考えます。日本国が大きな第一歩を踏み出すのです。

世界を担う大島理森様のお力で世界をより良い方向に進めて頂けないでしょうか。是非、安倍晋三様のお耳に伝えて頂ければと思います。

私が人類の為にできることを真剣に考えた結果でございます。

衆議院議長大島理森様、どうか愛する日本国、全人類の為にお力添え頂けないでしょうか。

何卒よろしくお願い致します。

作戦内容

職員の少ない夜勤に決行します。

重複障害者が多く在籍している2つの園を標的とします。

見守り職員は結束バンドで身動き、外部とも連絡をとれなくします。

職員は絶体《ママ》に傷つけず、速やかに作戦を実行します。

２つの園２６０名を抹殺したあとは自首します。

作戦を実行するに私からはいくつかのご要望がございます。

逮捕後の監禁は最長で２年までとし、その後は自由な人生を送らせて下さい。心神喪失による無罪。

新しい名前（伊黒崇）本籍、運転免許証等の生活に必要な書類。

美容整形による一般社会への擬態。

金銭的支援５億円。

これらを確約して頂ければと考えております。

ご決断頂ければ、いつでも作戦を実行致します。

日本国と世界平和の為に、何卒よろしくお願いします。

想像を絶する激務の中大変恐縮ではございますが、安倍晋三様にご相談頂けることを切に願っております。

植松聖
※住所
※携帯電話番号

かながわ共同会職員

補足しておきたいのは、植松被告はこの手紙をもともと安倍晋三首相宛てに書いていたということである。

彼が衆院議長への手紙を議長公邸の職員に渡したのは、事件の約5ヶ月前の2月15日。が、植松被告はその2日前の2月13日、安倍首相宛ての手紙を持参して自民党本部を訪れているのである。しかし、警備が厳重で近づくこともできない。その帰り道に見つけたのが、警備がそれほど厳重ではない衆院議長公邸だった。おそらくこの日、植松被告は帰ってから、手紙を衆院議長宛てに書き直したのだろう。そして翌日の2月14日、植松被告はスーツ姿で永田町に現れている。

しかし、この日は日曜日。公邸職員に「休日なので対応できない」と言われ、帰っている。この時、詰所にいた警察官に職務質問されているのだが、素直に個人情報を伝えている。

翌15日もスーツ姿で公邸に現れ、今度は土下座して手紙を受け取ってくれるよう頼み込む。土下座は2時間に及んだとも言われている。通行人の迷惑になると思った公邸職員が手紙を受け取ると、植松被告はやっと帰っていった。

その手紙には、凄惨な「犯行予告」が綴られていた。

この手紙をきっかけに植松被告は措置入院となるのだが、このあたりの時系列とともに、植松被告がやまゆり園に就職してからのことも書いておこう。

12年12月1日、植松被告は津久井やまゆり園にて非常勤職員として働き始める。

8月にやまゆり園を運営する「かながわ共同会」主催の就職説明会に参加しており、9月に採用試験を受けていた。志望動機は「学生時代に障害者支援ボランティアや特別支援実習の経験および学童保育所で3年間働いていたこともあり、福祉業界への転職を考えた」というもの。

働き始めて5ヶ月後の13年4月1日には常勤職員となる。

が、その翌月頃から、食後のテーブルの拭き方が雑、終業時間前に退勤してしまうなどの問題行動が見られるようになり、そのたびに指導されていた。14年の大晦日には入浴支援中、背中一面に般若の刺青があることが同僚にバレ、それからは入浴支援の際はウェットスーツを着るようになったという。

そうして働き始めて3年2ヶ月後の16年2月15日、植松被告の手紙が衆院議長の職員のもとへ渡る。この内容はすぐに警察の知るところとなり、同日、津久井警察署からやまゆり園に電話が入り、植松被告の最近の様子やシフトについて尋ねている。16日には麹町署からやまゆり園を運営するかながわ共同会に電話があり、植松被告が国会議員のところに行って手紙を渡したこと、施設に危害を加えるという内容だったことが伝えられる。

18日、やまゆり園が植松被告の言動について職員らに聞き取りをしたところ、「これまでは時々不適切な発言はあったが気にならない程度だった」が、「2月に入って特に12日頃よりひどくなっている様子が伺えた」などの意見が出てきた。例えば2月12日、夕食介助中に「障害を持っている人に優しく接することに意味があるのか」としきりに訴え、18日には看護師に「本当にこの処置はいるのか。自分たちが手を貸さなければ生きられない状態で本当に幸せなのか」「生きていることが無駄だと思わないか。急変時に延命措置をすることは不幸だと思わないか」などと聞いている。あのような手紙を出しながらも、植松被告はその後も普通に出勤していたのだ。

衆院議長公邸で手紙を渡してから4日後の19日、植松被告は勤務中に呼び出される。12時頃から始まったのは、園長、総務部長、支援部長との面接だ。日頃の差別的な発言や衆院議長に手紙を出したことについて問われると、「園内での発言は自分が思っている事実であり、約1週間前に手紙を出した。自分の考えは間違っていない。仕事を続けることはできないと自分も思う」と言い、「今日で退職する」と申し出た。その場で辞職願を書いて提出し、荷物をまとめると待機していた警察官に保護され、そのまま措置入院となる。

措置入院とは、自分を傷つけたり、なんらかの犯罪行為をする可能性が高い場合(「自傷他害のおそれあり」という)、行政が患者に命令して、行政措置として入院を強制するものだ。あの手紙の内容が「他害のおそれあり」として措置入院に繋がったのだ。この日から3月2日までの2週間、植松被告は北里大学東病院で入院生活を送る。

入院生活が始まった頃は、医師や看護師に「障害者を安楽死させるべき」などと主張していたようだ。が、大人しくした方が退院が早まると思い、聞きわけの良い人物を演じたところ、3月2日、退院となった。

退院後は通院するよう言われていた植松被告は、3月24日、31日と外来を受診している。その次の予約は5月24日だったが、途中で6月28日に変更した。しかし、事件約1ヶ月前のこの口、外来には訪れていない。

一方、措置入院後の植松被告は生活保護を受給していた。

3月24日、相模原市の生活保護の窓口に、「預貯金が底をついてしまった」などと相談に訪れているのだ。それを受けて30日、福祉事務所の職員が植松被告の自宅を訪問して面談。4月4日には生活保護支給が決定する。生活保護はその後、失業保険が降りることになって廃止。雇用保険は4月から7月までの90日間支給されたので、生活保護を受けている期間はごくごく短い期間だったようだ。

そうして退院から4ヶ月と少し、事件が起きる。

ここから、植松被告の傍聴記が始まる。

彼の言葉を伝えるにあたって、そのことが「スピーカーの役目」を果たしてしまうのではないかという葛藤は、裁判中からずっとあったし、今もある。

しかし、なぜあのような事件が起きたのか、そしてそもそもなぜ、植松被告はあのような考えを持つに至ったのかを知ることは、再発防止のためにも必要なことだと思う。

事件直後から、植松被告に共感する声の一方で、「あんなやつ今すぐ殺せ」「一生どこかに閉じ込めておけ」「税金の無駄だから一刻も早く死刑にしろ」という声も上がった。

それはそのまま「障害者は不幸を作ることしかできない」からとその命を奪った植松の主張と重なり合うものでもあった。

本人の意図するしないに関わらず、この事件は、どこまでも社会を映す鏡のようである。

1月/8日

第1回公判 思ったよりも妄想がひどい?

傍聴席のすぐそこ、ほんの2メートルほどの場所にあの男はいた。16年7月26日、相模原の障害者施設「津久井やまゆり園」で入所者19人を殺害した植松聖被告、29歳。障害者は不幸を作ることしかできないとし、犯行予告の手紙を衆院議長に送りつけ、そして本当に事件を起こした男。

初公判のこの日、傍聴券を求めて横浜地裁近くの「象の鼻パーク」に集まったのはおよそ2000人。真冬の冷たい雨が降りしきる中、二十数枚の傍聴券を求めてそれだけの人が殺到したことに、改めて事件の重大さを思い知った。

午前11時の予定だった開廷は、傍聴券を求める人が多すぎたため、急遽11時20分にずれ込んだ。11時30分、遅れて横浜地裁101号法廷に入るとすでに裁判は始まっていて、検察官が起訴状を朗読しているところだった。植松被告は証言台に立っているのでその顔や表情は見えない。黒いスーツを着て、長く伸びた髪を後ろで一つに結んでいる。異様だったのは、傍聴席の右側が白い遮蔽板で仕切られ、こちらからその様子がまったく見えなくなっていることだった。

仕切られた傍聴席には、遺族や被害者家族が座っているという。

初めて生で見る植松被告の後ろ姿。思ったより小柄な印象だ。驚いたのは、その声の弱々しさだ。

逮捕後も自身の起こした事件を正当化するような言い分ばかり並べ、重度障害者を「心失者」と名付け、日本の財政を救うために事件を起こしたのだとうそぶいていた植松被告は、法廷で裁判長に「ここまで理解できましたか」「事実と間違いありませんか」などと聞かれるたび、蚊の鳴くような小さな声で「はい」と答えた。黙秘権について裁判長が説明した際には、素直な子どものように何度もうんうんと頷きながら話を聞いていた。

そこに、あの事件を正当化し続けた傲慢さは微塵もなかった。ただただ司法の中枢である裁判所の法廷で、小さくなってかしこまっている男がいた。その姿を見て、思った。

そうだ。植松被告はおそらく、権威主義なのだ。事件を起こす際も、わざわざ衆院議長に手紙を出し、「役に立つ自分」をプレゼンするかのように、障害者470人を抹殺できるなどと主張している。同時に、「是非、安倍晋三様のお耳に伝えて頂ければと思います」とも書いている。障害者を殺すことで国の役に立てる、ヒーローになれると思い込んでいた植松被告は、権力を持つ者に認められたいという思いが異様に強いのだろう。しかし、「自分より下」「弱い」とみなした者にはどこまでも強気で振る舞う。強い者にはひれ伏し、弱い者にはどこまでも傲慢。そんな植松被告が法廷でかしこまることは当然なのかもしれない。

考えてみれば、植松被告の起こした事件こそが、身勝手極まる「忖度殺人」とでも言うべきものではないだろうか。不幸しか生み出さない。障害者に使う金を他に使えばいい。借金だらけの日本には、誰だって生かしておくような余裕などない――。植松被告の主張は、彼がこの国の権力が「おそらく望んでいるだろうこと」を勝手に先回りして実行したという、まさに「忖度」の果てに起きたことと言えるのではないか。実行すれば、きっと権力者たちは自分を認めてくれる。今、衆院議長に出した手紙を改めて読み返すと、そんな思いが透けて見える。

「今こそ革命を行い、全人類の為に必要不可欠である辛い決断をする時だと考えます。日本国が大きな一歩を踏み出すのです」「私が人類のためにできることを真剣に考えた答えでございます」「日本国と世界平和の為に、何卒よろしくお願い致します」

彼は「褒められる」「評価される」と期待していたのだろう。だからこそ、「逮捕後の監禁は最長で2年までとし、その後は自由な人生を送らせて下さい」と書き、金銭的支援として5億円も求めている。

さて、証言台で受け答えしていた植松被告は、弁護士に退席するよう促され、左側の被告人席に歩きかけた。その時、まだ話したいというようなそぶりを見せ、証言台に戻った。すると彼は突然「みなさまに、お詫び申し上げます」と声を張り上げた。謝るんだ、と、少し驚いた。次の瞬間、彼の身体は右側に傾き、右手が顔に近づいた。横にいた刑務官が静止するような仕草を見せると植松被告はそれに抵抗。そこから刑務官4人がかりで取り押さえられ、傍聴席の真ん前の床にうつぶせに引き倒され、後ろ手に手錠をかけられた。黒いジャケットが脱げかけ、白いワイシャツが見えた。

「傍聴人は退席してください！」

係員全員がそう叫び始め、傍聴人は全員外に出された。その間も、植松被告はうつぶせにされたまま身もだえていた。発作的な自傷行為だったのだろうか、パニックになってやったのだろうか、それとも、計画していたのだろうか。

結局、制止のきっかけとなった行動はのちに「右手の小指を噛み切ろうとした」のだとわかった。

「もう、今日は裁判ないかもね」

法廷から出された傍聴人たちに諦めムードが漂った。しかし、午後は開廷と報告された。植松被告はこういう混乱を繰り返して、休廷させて裁判を長引かせ、延命するのが目的なのだろうか？

検察による冒頭陳述

午後の裁判は、13時20分に開廷した。

法廷に、植松被告の姿はなかった。

刑事訴訟法に基づき、被告人不在のまま裁判を進めるという趣旨の裁判長の発言を聞いて、植松被告がどんなに突飛なことをしようとも、何がなんでも裁判を進める、という強い意志を感じた。同時に、傍聴席に「植松、来ないのか……」という落胆の空気がみなぎるのがはっきりとわかった。

始まったのは、検察による冒頭陳述だ。

ここで事件の概要と、事件に至るまでの経緯が読み上げられる。

以下のような内容だった。

植松被告は12年12月から「津久井やまゆり園」で働き始める。勤め始めた頃は障害者を「かわいい」と友人にも話していたものの、勤務するうちに「不幸を生み出すのでいらない」と思うようになっていく。一方、15年夏頃、世界情勢に興味を持つようになり、「障害者にかかるお金を他に回した方がいい」と思うようになる。

16年2月には衆院議長に手紙を出し、そのことで措置入院となる。約2週間後に退院するものの、その後、障害者の殺害計画を立て始める。計画の内容は、夜間に施設に入り、職員から鍵を奪い、拘束。包丁で殺害後、警察に出頭するなど。

そのために身体を鍛えようとムエタイを始め、見た目がいい方がいいと美容整形もする。

事件当日は大麻を吸ったあと、5本の刃物、ガムテープ、結束バンドをバッグに入れて車でやまゆり園に。その際、近隣の民家の住人と言葉を交わすが、住民によると会話は噛み合っていたとのこと。

その後、園に侵入。

職員5人を拘束し、入所者が意思疎通ができるか確認し、できないと判断したものを刺していった。最初は心臓を刺したが、包丁が骨にあたって曲がったり折れたりしたため、途中から首を刺すようになる。

犯行の途中、6人目の職員の拘束に失敗したので、午前2時48分、園から逃走。3時5分、警察に出頭。

ここで検察は、「弁護士は、被告の責任能力が大麻精神病や妄想性障害などの影響下にあって、心神喪失か心神耗弱と主張しているが、検察は完全に責任能力があったと主張する」と述べた。

そうして、以下のように続く。

「被告は障害者施設の勤務経験や世界情勢から特異な考えを持ち、『意思疎通できない障害者は不幸を生み出す』『殺す』という考えに至った。大麻使用障害は犯行の決意が強まったり早まったたに過ぎず、大麻使用の影響は大きくない」

責任能力の有無を判断するポイントとして、動機が理解できるか、計画的か、違法性を認識しているかなどが上げられ、量刑の判断ポイントとして以下をあげた。

・19人が死亡し、24人が重軽傷、拘束された職員5人のうち2人が怪我と結果が重大。
・就寝中の被害者の首を狙うなど強い殺意がある。
・動機が反人道的で反社会的。
・遺族の処罰感情が強い。
・被告の反省がなく、更生の可能性がない。

弁護士による冒頭陳述

続いて行われたのは、植松被告の弁護側からの冒頭陳述だ。弁護士が植松被告のことを、終始「植松さん」と言うのにちょっと面食らった。以下、その内容である。わかりやすいよう、弁護士の朗読を噛み砕き、順序を入れ替えた部分もある。

植松さんは、起訴状に書かれたことをしました。犯行の事実を争うつもりはありません。いたましい、重大な事案であることを否定しません。ですが、腑に落ちないことがあります。それは、「どうして植松さんがこのようなことをしたのか？」ということです。（ここで大麻について説明があり、脱法ハーブを吸うようになったあと、大麻を乱用したことに触れ）植松さんは、大麻精神病で別人になり、事件を起こしました。責任能力はありません。刑法39条には、「心神喪失者の行為は、罰しない。心神耗弱者の行為は、その刑を減刑する」とあります。裁判員には精神障害があったか、その影響の程度も判断してもらいたいです。

いかに人が変わったのか。

そのためには、本来の植松さんの人物像を知る必要があります。

幼少時を振り返ると、幼稚園では素直で手のかからない子で、明るく優しい性格でした。小学校の頃、成績は中の下でしたが、目立ちたがりで明るく人懐こい子でした。同じクラスに知的障害の子どもがいましたが、差別的な言動をしたことはありませんでした。

中学の頃も明るく目立ちたがりで性格も変わらず、バスケ部に入っていました。中3の時、飲酒や喫煙をしたことがあります。

高校は私立に行きました。この頃の植松さんは、明るく、空気も読めて、バスケ部の活動にも熱心に取り組みました。喫煙して停学処分になりましたが、非行や補導歴はありません。

大学は、文学部の教育学部に入りました。サークルにも入り、脱法ハーブを使用するようになりました。1、2年の時は学童保育でアルバイトし、知的障害の子どもの相手をしました。3年生の時に刺青を入れましたが、教師を目指し、資格取得のため、努力していました。

大学卒業後は運送会社に就職しましたが、8ヶ月で辞めました。

12年12月に津久井やまゆり園でアルバイトを始め、13年4月に常勤職員になりました。働き始めた頃は「障害者はかわいい」「こうしたら喜んでもらえる」と話すこともありました。

植松さんは目立ちたがりの傾向が強く、問題行動もありましたが、それらは若気の至りと言えるものでした。

そんな明るく優しいやんちゃなお調子者が、なぜ、「別の人」になったのでしょうか。

15年頃、植松さんはイルミナティカードを、「未来を示している」と盲信するようになりました。

15年12月から、「意思疎通できない重度障害者は殺した方がいい」と繰り返すようになりました。

「自分は選ばれた人間」「神からお告げがあった」「総理大臣宛ての手紙を書く」「安倍から許可があればいつでもやれる」「政府の代わりに殺すから100億もらえる」などと言うようになりました。

16年2月には、実際に衆議院議長の公邸に手紙を持参しました。2月13日から15日にかけて、3回、公邸付近を訪れています。

手紙は、「障害者470人を抹殺できる」「UFOを2回見た」「自分は未来人かもしれない」という内容でした。

16年2月19日、やまゆり園で勤務中の植松さんのもとに警察が訪れ、措置入院となりました。植松さんは3人の医師から診断を受けました。M医師は、「躁病」、H医師は「大麻精神病」、S医師は「妄想性精神障害」と診断しました。

3月2日に退院すると、友人たちに「俺がやったら100億手に入る」「天のお告げがあった」「イルミナティカードで手に入れた」などと発言し、友人たちは「ヤバいから関わらないでいよう」と話し合いました。7月、友人たちとのバーベキューがありましたが、その場でも、「あの人ヤバくない？」と言われていました。退院後も大麻を使用し、11月にはトランプが大統領になるから、その前には（殺害を）決行しようと考えました。

7月24日深夜（事件2日前）、友人と大麻を吸っている時に「ヤクザに命を狙われている、車に発信機がついている、尾行されている」と言い、都内に車で向かい、駐車場に車を止めてタクシーに乗り換えました。タクシーでは後ろのシートに横になって身を隠していました。

都内では、友人女性Xさんと食事をし、彼女に「意思疎通できない人を殺す」と繰り返しました。女性は別の友人に「さとくん（植松は友人たちにこう呼ばれている）もう手遅れ。頭おかしいのが度を超えてる。『俺が世界を変える、世界中の女を守る』とか言ってる」などと連絡しています。

また、一人暮らしの植松さんは、周囲から見られている、盗聴されていると思うようになり、「ダサいウザいキモい」という幻聴が聞こえるようになっていました。

なぜ、幼少期とは別の人のようになってしまったのか。

それは精神障害によるもので、薬物使用に関係しています。大学生の時に脱法ハーブを始め、やまゆり園で働くようになってからは大麻を吸い始めました。週に4〜5回、多い時は一日数回使っていました。

大麻を使用すると、酩酊状態になり、長期間依存していると幻覚や妄想などの精神障害が起きます。大麻精神病と言いますが、被害妄想や誇大妄想、幻聴などの症状が出ます。精神疾患が今回の犯行に影響を与えたことは間違いなく、善悪の判断や自身をコントロールする能力がなかったことを、今後、立証していきます。


そうして午後2時半、本人不在のまま、初公判は終わった。

「思ってたより、おかしくない?」

法廷を出て、他の傍聴人たちや記者と交わした第一声が、それだった。

「もっと普通かと思ってたんだけど」

「妄想、ひどくない?」

「病的だよね?」

「あんなにおかしい人だとは思ってなかった……」

皆一様に、首を傾げていた。これまで植松被告と何度も面会しているという記者たちも同じ反応だ。

私も「妄想状態の深刻さ」に驚いていた。起こした事件もその前の犯行予告も逮捕後の言い分も何もかもがおかしいけれど、獄中で書く文章は、内容はともかくとして破綻はしていないし、面会した人たちも一様に「病気という感じはまったくない、精神障害があるようには見えない」と語っていたからだ。しかし、午後の法廷で弁護士が語った植松像は、どう考えても「普通」の精神状態ではない気がした。

ちなみに植松被告が「盲信していた」イルミナティカードとは、未来の出来事を予言すると言われているカード。植松被告が都市伝説的なものに傾倒しているということは知っていたものの、ここまでだとは思ってもみなかった。

朝、6時前に起きて都内から横浜地裁に行き一日、傍聴。長い一日だった。どう消化していいものかわからないまま家に帰ると、テレビでは「植松、暴れる」というニュースがあらゆる局で流れていた。

確かに、暴れてはいた。暴れてはいたけれど、それは取り押さえられたからで、突然法廷で暴れ出したわけではなかった。しかし、「凶悪殺人犯植松、法廷で大暴れ」の方が、おそらくみんなの「納得」を得やすいのだろう。

翌朝、横浜拘置所にて指を噛みちぎる

翌日の午前6時前、植松被告は横浜拘置所の独房で、前日に噛みきれなかった右手の小指を噛みちぎった。法廷では第二関節が思った以上に硬い上、途中で制止されて噛みきれなかったわけだが、この日は第一関節部分から噛みちぎったという。起床時間前だったが監視カメラがあるのですぐに見つかり、医師が駆けつけてきたそうだ。噛みちぎった小指の先はぐちゃぐちゃになっていたので縫合することもできず捨ててもらい、傷口を縫ってもらったということだった。

そもそもなぜ、法廷で指を噛み切ろうとしたのか。

事件以来、面会を続けている雑誌『創』編集長の篠田博之氏の問いに、植松被告はこう答えたという。

「言葉だけの謝罪では納得できなかったから」

謝罪の気持ちを伝えたかったということなのだろうが、法廷で指を噛み切ろうとすれば大騒ぎになることは目に見えている。遺族や被害者は、そういった混乱を「自分たちへの侮辱」と受け取る可能性だって大きい。完全に「裏目に出る」確率が高すぎるやり方である。

犯行については用意周到に計画しているのに、このように「自分はこれをしたら相手はどう受け取るか」という計算については、ものすごく下手な印象を受ける。計算できる部分とでき

ない部分のバランスがちぐはぐで、時々びっくりするほど抜けている。
そしてこのズレは、裁判が終わっても私の中に残り続けることになる。

参考……YAHOO！ニュース　2020／1／14
「翌朝小指は噛みちぎった　相模原事件・植松聖被告が面会室で語った驚くべき話」篠田博之
https://news.yahoo.co.jp/byline/shinodahiroyuki/20200114-00158929/

1月／10日

第2回公判 夜勤職員の調書

この日の裁判は行けず。出廷するか危ぶまれていた植松被告は両手に白いミトンをつけて登場。

証拠調べが行われ、被害者の傷の形状など司法解剖の結果が検察官より読み上げられた。

この裁判は、実名を出している被害者の尾野一矢さん（事件で重症の怪我を負った入所者）以外は匿名のまま進められている。例えば亡くなった人は「甲A」さん、「甲B」さんと呼ばれ、「甲S」さんまで19名。負傷した人は「乙A」さん、「乙B」さんという呼び方。被害に遭ったやまゆり園の職員は「丙A」さん、「丙B」さんと呼ばれている。なんの落ち度もなく一方的に殺された犠牲者、怪我を負った被害者が名前すら出せないところに、この国に根強く残る差別の存在を嫌でも感じる。

この日は、夜勤職員の調書も読み上げられた。

以下は、『季刊　福祉労働』第１６６号（２０２０年3月25日）に掲載された「津久井やまゆり園事件　傍聴記」の「一月十日　第二回公判を中心に　戦争と福祉と優生思想」（佐藤幹夫）からの引用だ。

丙Cさん

短期利用をしている乙Dさんの部屋のほうからガチャと音がしました。人影がこちらに歩いてきたのがわかりました。見ると、話に聞いていた元の職員の植松だとわかりました。透明な袋をもっていて、はあはあと荒い呼吸をしていました。「なんですか」と言うと、「殺してきたから」と言いました。見ると、黒い血が点々と続き、植松のところで止まっていました。私も刺されるかもしれないと思いました。結束バンドで縛られ、「これで逃げられたら、君はすごい。ぼくはこれから塀のなかでの暮らしが長くなると思うけど、いい思い出にしようよ」と言いました。

乙Eさんのことを「どんな人か」と聞くので、「目の見えなくて歩けない人です」と言うと、部屋の中に長い包丁を持って入っていきました。バサッという布団に倒れる音と、「うー」という苦しそうな声がしました。一五秒くらいで部屋から出てきて、「物事のわかる人はいる?」と聞くので、「五〇五号室に少ししゃべれる人がいます」と言うと五〇一号室を顎で指し、「あいつは殺さないとな」と言いました。一分くらいすると五〇一号室から出てきました。「ウェー、ウェー」と苦しそうな声が聞こえました。(引用ここまで)

この日の裁判では、少なくない犠牲者に「防御創」が見られなかったことも明らかになった。眠っているところを突然襲われたのだ。が、その中には、意識はありながらも思うように身体を動かせないため、自分をかばう姿勢をとれなかった人もいるだろう。前述したように、入所者の多くが最重度の障害を持っている。

この日の調書から浮かび上がるのは、植松被告の不気味なほどの冷静さだ。犯行の最中も、心臓を狙うと骨にあたって包丁が折れたり曲がったりすることに気づき、途中からは首を刺すというふうに変えている。半狂乱で喚きながら手当たり次第刺したわけではまったくなく、話せるかどうかを確認し、連続殺人の最中も包丁の曲がり具合や折れ具合を認識するほどの冷静さがあったわけである。しかも、犯行の最中に「ぼくはこれから塀のなかでの暮らしが長くなると思うけど、いい思い出にしようよ」と職員に口にするほどに。犯行の残忍さ、卑劣さだけでなく、植松被告の不気味なほどの冷静さに戦慄した。

一方、この日は実名を出している被害者・尾野一矢さんの事件当日の行動も明らかになった。植松被告に刺され、腸が千切れる寸前だった尾野さんは、植松被告が逃走後、拘束されていた職員に頼まれ、リビングにある携帯電話を取りに行ったという。このことが警察への通報につながった。尾野さんはその後、一時は意識不明となり44日間の入院生活を強いられるのだが、傍聴席でこのことを初めて知った父親の尾野剛志さんは「よく頑張った、本当に褒めてやりたい」と語った。

参考…………YAHOO!ニュース　2020／1／12
「相模原障害者殺傷事件裁判の法廷で明かされた植松聖被告の凄惨犯行現場」篠田博之
https://news.yahoo.co.jp/byline/shinodahiroyuki/20200112-00158611/
『季刊　福祉労働』第166号

1月/15日

第3回公判 遺族の供述調書読み上げ

この日は、遺族12人の供述調書が朗読された。私は傍聴できず。

この日から、それまで「甲Aさん」とされていた女性が法廷で「美帆さん」と呼ばれるようになる。19歳の女性で、母親が初公判に合わせて名前と顔を公表していた。美帆さんは、植松被告に最初に殺害された女性だ。

実名を公表するにあたって報道機関にあてた手記には、以下のようにある。

美帆さんの母の手記

どうして、今、名前を公表したかというと裁判の時に「甲さん」「乙さん」と呼ばれるのは嫌だったからです。話を聞いた時にとても違和感を感じました。とても「甲さん」「乙さん」と呼ばれることは納得いきませんでした。ちゃんと美帆という名前があるのに。

どこに出しても恥ずかしくない自慢の娘でした。

家の娘は甲でも乙でもなく美帆です。

この裁判では犯人の量刑を決めるだけでなく社会全体でもこのような悲しい事件が二度と怒らない世の中にするにはどうしたらいいか議論して考えて頂きたいと思います。

障害者やその家族が不安なく落ち着いて生活できる国になってほしいと願っています。

障害者が安心して暮らせる社会こそが健常者も幸せな社会だと思います。


また、この日はやまゆり園の元同僚職員の調書も読み上げられた。この元同僚は植松被告の幼馴染で、中学、高校の同級生。12年7月にやまゆり園に就職し、「利用者はかわいいよ」などと植松被告に話すと「へえ、俺もやってみようかな」と興味を持ち、12年12月から働き始めたという。当初は植松被告から不満などを聞くことはなかったが、15年12月、「利用者を力で抑えつけ、恐怖を与えた方がいい」と上司に言ったことを耳にした。16年1月には植松被告から「重複障害者はいらない」などのLINEが入るようになった。植松被告が措置入院から退院した後の16年4月には、「障害者に税金かけるの無駄じゃね?」「実際、利用者いらなくね?」「豚とか牛殺して食うでしょ? 重度の障害者も会話できなければ動物と一緒じゃん」などと話していたそうだ。

参考……………産経新聞　2020／1／16相模原殺傷「美帆さん」で審理

第3回公判　遺族意向で「甲A」やめる

https://www.iza.ne.jp/smp/kiji/events/news/200116/evt20011608020006-s1.html

時事ドットコムニュース　2020／1／15障害者「要らなくね?」

植松被告、同僚に話す　相模原殺傷公判

https://www.jiji.com/jc/article?k=2020011501071&g=soc

1月
16日

第4回公判　遺族の供述調書読み上げ・続き

この日は前日に引き続き、命を奪われた19人のうち、残り7人の供述調書の読み上げがあった。また、怪我をした入所者24人分の家族から聞き取った話も朗読された。

この日も傍聴できなかったのだが、15、16日に読み上げられた遺族の供述調書の言葉をいくつか紹介したい。


「1歳で脳性麻痺と診断された。『死なせてなるものか』と反骨精神で息子を育ててきた」「いつも笑顔を見せてくれていた」「(遺体と対面し)『今までありがとう。生まれてきてくれて幸せだったよ』と話しかけた」(43歳男性の母)。

「あの日から心にぽっかり穴があいたまま。一緒に過ごした日々は本当に幸せだった。今後、どう生活していいのかわからない」「施設に入所しなければ、こんなことにはならなかったという後悔しかなかった。手のかかる場面はいっぱいあったが、いつまでも成長を見守ることができて幸せだった」(41歳男性の母)

「一緒に過ごす時間をなくしてしまった。娘なりに一生懸命生きていた。（植松被告に）娘の人生を終わらせる権利はない」（35歳女性の父）
「私たち夫婦にとって初めての子。かけがえのない子だった」「亡くなったと聞き、頭が真っ白になった。息子が生きているだけで私は幸せだった。必死で生きてきたあの子の人生は何だったのか。答えが見つからない」（49歳男性の母）
遺族の言葉からは、植松被告に刺されて亡くなった人たちの個性も浮かび上がってきた。ファッション雑誌を見たり、かわいい服を着るのが好きだったという女性。ラジオのチューニングが大好きだったという男性。電車やバスで子連れの人や高齢者を見ると席を譲っていたという女性。他の利用者の面倒をよく見ていたという男性。成人になった時、パンチパーマにスーツで写真を撮ったという男性もいた。
遺族の声の中には、植松被告に厳罰を求める声も多かった。
「重度障害はあったが、個性を持ち一生懸命に生きてきた。日本でできる一番重い刑にしてほしい」（26歳女性の母）
「犯人は実社会に二度と出てはいけないと思う。厳罰を願う」（60歳女性の弟）
「まだ生きたかっただろう、痛かっただろう、怖かっただろう、と思う。自分勝手な理想で姉さんを奪った植松を許せない」（55歳女性の弟）
「一生許すことはできない。息子を返してほしい」（43歳男性の母）

一方、66歳の弟を亡くした男性は、「決して許せない」としながらも、「ただ、精神障害者だった場合は、憎み切れる自信がない」と率直な気持ちを述べている。

遺族の悲痛な言葉に触れると、改めて、あの事件は犠牲者の家族もその生活もメチャクチャにしたのだということが伝わってくる。

一方で、遺族や被害者家族の言葉を詳しく追っていくと、妙に冷淡な語り口のものもぽつぽつと見られることに気づく。

例えば、『福祉労働』第166号に平岡祐二さんが書いた「一月十六日　第四回公判」傍聴記には、植松被告に対して「処罰感情は具体的にはない」と語る遺族の言葉が紹介されている。この遺族は、「三年くらい面会には行っていなかった」ことを語っている。

また、植松被告に刺されて怪我をした20代被害者の父は、「事件で怪我をしても、会わずに遠くから見守った」と述べている。子どもの世話をするのに限界を感じ、19歳頃、入所させたということだった。面会に行くと帰宅できると思い、帰れないとわかると興奮するのでそれからは面会していないという。本人を苦しませてしまうから敢えて会わないという選択はわかる気もするが、事件の重大性と、自分の子どもが被害を受けたことを考えると、会う方が自然な気もする。

その他にも、「面会に行くと、（やまゆり園に）入所させたことを怒った」「入所には強い抵抗があり、そのために拘束もあった。おしっこを我慢して職員や母を困らせた。三日間しないこともあった。家に帰りたいという弟のささやかな抵抗だった」という供述もあった。

もちろん、施設に入れた家族の選択にどうこう言うつもりなど毛頭ない。しかし、読み上げられた調書には、一緒に暮らすことに限界を感じたという家族の言葉が多くあり、植松被告の主張をはからずも補強してしまうような危うさがあった。

傍聴記を書いた平岡氏も、「様々な理由を挙げ家族と本人が一緒に暮らすことは難しいという陳述は、『ほら、家族も邪魔にしているし地域で暮らすことはできないじゃないか』と植松被告が主張することを裏付けるようでもある」と書いている。

やまゆり園の関係者からは、子どもがやまゆり園に入所しているものの、一度も面会に来ない親もいる、という話を聞いたこともある。一口に「遺族」「被害者家族」と言ってもその事情はさまざまだ。ただ、報道や記録を読めば読むほど、「悲しみの濃淡」も浮かび上がる気がして、なんだかやるせない気持ちになった。

津久井やまゆり園ができたのは、東京オリンピックがあった1964年。重度障害者を家族で見るしかなかった時代、入所施設ができたことによって「救われた」家族は大勢いるだろう。実際、多くの家族が調書では施設への感謝を口にしていた。また、裁判後、やまゆり園について「ああいう檻に入れてもらって、家族はみんな助かったんだから」と入所者の親が口にするのも耳にした。

やまゆり園ができて半世紀以上。70年代に障害者運動が本格化し、脱施設化、地域移行が進んできた。06年に施行された障害者自立支援法（現・障害者総合支援法）では、障害者が地域社会で暮らすことを国が支援する、と明確に打ち出してもいる。事件が起きる3ヶ月前の16年4月からは障害者差別解消法も施行され、「合理的配慮」という言葉が注目されたりもした。

しかし、やまゆり園は時代の流れに取り残されたかのように山奥にじっと佇み続けた。まえがきで書いたように、あの事件の3日後、私は津久井やまゆり園を訪れて、花をたむけている。驚いたのは「こんな人里離れた山奥に、これほど大規模な施設があるなんて」ということだった。交通の便は悪く、辺りにコンビニさえない集落にぽつんと建った障害者施設。その事実こそが、障害者をめぐる現実を雄弁に語っている気がした。

参考……『季刊　福祉労働』第１６６号
産経新聞　２０２０／１／16「相模原殺傷、遺族らの調書朗読『家族の幸せだった』第４回後半」
https://www.sankei.com/affairs/news/200116/afr2001160040-n1.html

1月／17日

第5回公判 証人尋問に元カノ登場

この日も傍聴できず……（すみません、でもこの次から怒涛の勢いで傍聴できるから！）。

ということで、この日はなんと検察側の証人として植松被告の元カノが登場。しかも事件当時に交際していた相手である。法廷には衝立が作られ、彼女の姿は植松被告からも傍聴席からも見えないようになっていたという。

報道によると、この女性が植松被告と交際していたのは、14年8月頃から同年冬まで。いったん別れ、15年冬から事件当時まで交際を続けた。

最初の交際時、植松被告から「障害者を殺す」などの発言は一度も聞かなかったという。逆にやまゆり園の近くで入所者を見かけた際、「あの人はかわいいんだよ」などと話していたそうだ。そんな植松被告と別れることになったのは、彼のドタキャンなどが原因。「もっと一緒の時間を作りたい」と言うと、「友人と会う時間を削ってまでお前と会うつもりはない」と言われたそうだ。

そうして翌年、再び交際が始まるわけだが、その頃はすでに入所者に対し、「生きてても意味ない」などの発言をするようになっていた。

「一生懸命接していても報われなかったり、金銭的な対価も低いことなどがフラストレーションとしてたまっていたのかもしれない」とは彼女の弁。

彼女によると、事件が起きる16年はじめ頃、植松被告は大統領選に出たトランプやイスラム国、フィリピンのドゥテルテ大統領などに関心を持つようになったようだ。また、その年の2月に措置入院となり、2週間もしないうちに退院するのだが、植松被告は彼女に「医者を騙して退院した」と言っていたという。聞き分けの良い人物を演じて、退院を早めたということだ。

証人尋問では、2人で観た映画にも触れられた。テディベアが主人公の『TED2』だ。この映画を観た際、植松被告は「テディベアが人権を満たす条件は、自己認識できること」というようなシーンにいたく興奮し、「俺が言いたかったことはこれだ！」と叫んだという。「意思疎通のできない重度障害者」は自己認識できない＝人権がない、という時のロジックとして使おうと思ったのだろうか。

一方、この日は今後の被告人質問でもかなりの時間を割かれることになる「新日本秩序」（植松被告が望む世界について書いていたノート。書籍化したかったようだ）の名前も出た。彼女は事件2ヶ月前、「ニュージャパンオーダー」とサブタイトルがついたそのノートを見たという。そこには、大麻の合法化、服役している人の労働義務化、障害者の安楽死、見た目が悪い人の厳罰化などが書かれていたという。ちなみに事件直前、植松被告はそのノートを出版社に送っている。

それにしても、植松被告の「元カノ」として証言台に立つのは、どれほどの勇気が必要とされただろう。法廷では、そんな彼女に酷とも言える質問がなされた。それは、「付き合っていた女性は他にもいたと思われていました?」という弁護人からの質問だ。

彼女は動揺した様子で、その後、検察官に「大丈夫?」「ごめんね」と声をかけられていたという。この日、傍聴した人たちは口々に「たぶん泣いてた」と言っていた。

実は植松には、付き合ってはいないものの、好意を寄せている女性がいた。それは事件前日、都内で「最後の晩餐」を共にしたXさん。大学のサークルの後輩だ。Xさんについては今後も登場するので覚えておいてほしい。

それにしても、植松被告は決して「非モテ」ではない。いわゆる「女に不自由しない」タイプの男と言えるだろう。そんな自覚があるからか、彼女への扱いは交際中も丁重とは言えない。ドタキャンだけでなく、美容整形を勧めたり、AVに出演させようとしたりもしていたという。

一体、植松被告のどこに惹かれたのか? 障害者差別をするだけでなく、車の運転も荒く、また、医療脱毛するからと彼女にお金を借りたこともあるというが、「一緒にいて楽しい場面もありました」。

植松被告と彼女は、8月には花火大会や格闘技を見に行こうと話していたという。が、その前に、植松被告は事件を起こした。

参考……YAHOO!ニュース　2020／1／19 相模原事件、
植松聖被告の元交際相手女性が証人として法廷で語った衝撃内容 篠田博之
https://news.yahoo.co.jp/byline/shinodahiroyuki/20200119-00159452/
産経新聞　2020／1／17相模原45人殺傷公判　被告元交際女性が出廷
自分勝手で目立ちたがり「俺がやる」と殺害示唆
https://www.sankei.com/affairs/news/200117/afr2001170042-n1.html

1月20日

第6回公判　植松被告、30歳の誕生日「戦争をなくすため、障害者を殺す」

「戦争をなくす」「世界平和のため」。その日の法廷で、何度か耳にした言葉だ。

同時に多く耳にしたのは、大学のフットサルサークル、バーベキュー、スノーボードという「青春真っ只中」な言葉たち。そんな言葉の合間に、「意思疎通ができない障害者を殺す」という言葉がぬっと顔を出す。何度も、何度も。2度目に傍聴した裁判で、私はさらに混乱した。

植松被告の30歳の誕生日だったこの日、午前10時30分から午後4時45分近くまで、相模原事件の第6回公判が行われた。予定時間がほとんどフルで使われたのは、私が傍聴した限り、この日だけだった。

初公判では見ることができなかった植松被告の顔を、この日はよく見ることができた。傍聴席に座るとすぐ、右側の入り口から5人の刑務官に付き添われ、手錠をつけられた植松被告が入ってきた。青いトレーナーに黒いズボン、黒い靴に青い靴紐。スーツ以外の服はこの日が初めてだという。初公判の翌日に噛み切ったという右手小指には白い包帯が巻かれている。植松被告が入廷する際、その姿が遺族などには見えないよう、遺族や被害者が座る傍聴席の前には白い幕が張られた。

この日は、弁護人によって多くの供述調書が読み上げられた。高校時代の交際相手から始まって、同級生、友人、幼馴染、果ては植松被告が通っていた理髪店の担当者のものまである。

その中でも印象深かったのは、高校時代の交際相手の供述調書だ。

高校時代の彼女の供述調書

同じクラスの2人が付き合い始めたのは高一の夏。植松被告の告白がきっかけだった。2人が05年に入学した高校には普通科と調理科があり、2人とも調理科だったという。

付き合い始めてからは、朝、一緒に登校したり、植松被告のバスケ部が終わるのを待ったりし、土日もお互いの家を行き来していたという。

植松被告は「優しくて連絡もマメ」。

付き合って1周年の日には指輪をプレゼントされた。それはサイズが合わなかったそうだが、彼女は「嬉しかった」と振り返る。

高校2年生の時、互いにヤキモチをやいて喧嘩し、2回別れたことがあるがすぐに仲直り。ある時の仲直りは、休日の昼「今から会えないか」と連絡が来て、駅に行くと花束を渡された。

初めて植松家に行った時、植松被告の母は「あらかわいい子ね、さとしよかったじゃない」と言ってくれたという。

被告人席でそんな供述調書を聞く植松被告は、嬉しさを押し殺すような表情をしている。

供述調書から浮かび上がるのは、どこにでもいる高校生のカップルと、それを微笑ましく見守る植松被告の両親の姿だ。口数が少なかったという父親も、ある日、昼食にパスタを作ってくれてからは、彼女とも打ち解けるようになったという。ちなみに、父親は小学校の図工の教師、母親は漫画家（ホラーものが多かったようだ）。植松被告は一人っ子。オープンな家庭だったようで、植松被告は彼女とデートでどこに行ったかなどを隠すことなく両親に話していたそうだ。和気藹々となんでも語る「友達親子」という言葉が浮かぶ。

植松被告は彼女の両親にも好印象を与えたようで、「ハキハキ挨拶するいい子」と母親の評価は高く、父親も「いいんじゃないか」と述べていたそうだ。

そんな植松被告はクラスでは「リーダー的な存在」で、体育祭の練習の際、みんなが面倒がっていると、大声で「やるぞー！」と叫び、場の空気を盛り立てるようなところもあったという。

一方、嫌いな先生に注意されるなど気にくわないことがあると、腹を立てて壁を殴ったり、ゴミ箱を蹴ったりとモノにあたることもあった。高校一年生の一年間だけで、彼女はそんな行為を10回ほど目撃したそうだ。暴れたあとは、一人で片付けて元どおりにする。高校2年生では、バスケ部員を殴って停学になったこともあった。モノにあたる行動は、3年生頃には落ち着いていたという。

2人が別れたのは、06年の秋か冬頃。原因は、植松被告のヤキモチだった。3年生になると、それぞれ別の恋人ができていた。

そうして高校卒業後、別の大学に進学。

突然植松被告から電話が来たのは、大学2年生の頃だった。「将来、教師になりたい」と話し、新宿で会うことになってお互いの近況報告をしたという。その時の植松被告は明るく優しいままだった。それから半年に一度ほど連絡を取り、近況を報告し合うようになる。いつも彼女が電話を耳から遠ざけるほど大きな声で話す植松被告だったが、大学3年生の頃には、ぼそぼそした声で電話をかけてきて、言った。

「俺、大学生になってから、付き合ってない女と関係を持つようになった。俺は汚れた」

この部分の読み上げを聞いた時、植松被告は「いやいや」という感じで首を傾げ、バツが悪そうに笑って否定している様子だった。このように、供述調書を聞きながら、植松被告が反応する場面も幾度かあった。

その後、植松被告はこの元カノに自身の刺青写真をメールしたという。「先生になるんじゃやないの?」。彼女が驚いて返信すると、「バレないようにする」と返ってきた。そんな植松被告に彼女は「呆れた」という。

植松被告と久々に会ったのは、社会人1年目の12年の同窓会。気を使っている感じの姿を見て「大人になった」と思ったという。本人も「俺変わったでしょ」「大人になったでしょ」と言っていた。

植松被告とは半年に一度くらい連絡をとっていたが、その後、自分の結婚、出産などがありあまり覚えていないという。仕事は、彫り師やキャバクラの送迎をしていると聞いていた。

植松被告の性格について思うのは、「根は純粋」ということ。

例えば交際している時期、一緒に行ったゲーセンで誰かが忘れたのか財布を見つけ、その中のお金を使い切ったことがあった。

その夜、植松被告から電話がかかってきて、「今日、お金使ったのはやったらいけなかった。嫌な思いさせてごめんね」と言われたという。

友人たちの供述調書

この日は地元の友人たちや幼馴染の供述調書も読み上げられたのだが、そこから浮かび上がるのは、やはりどこにでもいる青年像だ。

植松被告が通った小学校、中学校には知的障害がある同級生がいたものの、友人たちは一様に「差別的な発言など聞いたこともない」と供述。障害がある生徒を同級生として当たり前に受け入れていたと語った。そんな植松被告は小学4年生から高校3年までバスケットボール部に所属。

高校時代までの植松被告は空気が読める明るいタイプで、「やんちゃ系」だった友人たちからは真面目な雰囲気に見えたという。が、大学生になると髪を染め、刺青を入れ、脱法ハーブを吸ったりと「チャラい」方向に変わっていった。しかし、髪を染めたり刺青を入れたりといった行為は若者にはよくあることだ。地元の友人を大切にし、親との仲も良好に見える姿からは、「マイルドヤンキー」という言葉が浮かぶ。ちなみにマイルドヤンキーとは、博報堂ブランド若者研究所・原田曜平氏の作った言葉。地元志向、遊ぶのは小中時代の同級生、EXILE（エグザイル）が好き、車を持っていて行動範囲は半径5キロ以内などの特徴を持つが、植松被告と重なる部分が多い。そして植松被告とその仲間たちの写真を見ると、見事なまでに「EXILE」風だ。

そんな植松被告が変わっていくのは、やはり事件の前年、15年頃からだ。

12年に大学を卒業した植松被告は、自販機に飲み物を補充する仕事をしていた。が、体力的にキツいということで8ヶ月で退職。幼馴染（やまゆり園で働いていた）の紹介で12年12月、やまゆり園に勤め始める。その頃くらいから脱法ハーブではなく大麻を吸うようになったらしい。

働き始めた頃は、「年収300万、安い」とぼやきながらも「障害者はかわいい」「暴れたら止めるの大変だけど慣れるとかわいいんだ」と友人に言い、また就職で悩む後輩には、「仕事はお金ではなくやりがい」「施設では、刺青がある自分にも障害者はキラキラした目で接してくれる。今の仕事は天職だ」などと語っていたという。

しかし、働き始めて2年もする頃から言動は徐々に変化していく。印象的だったのは、植松被告がしきりに障害者を「かわいそう」と言い始めることだ。

「障害者はかわいそう。食べているご飯もドロドロでひどくて、人間扱いされていない」「車椅子に縛り付けられていて、拷問だ」「重複障害者はかわいそう。親もかわいそう」

同じ頃、友人たちは一様に、世界の出来事を予言するという「イルミナティカード」について植松被告に聞かされている。

幼稚園からの幼馴染は、事件が起きた年の16年2月、「相談がある」と電話を受け、以下のような会話を交わしている。

植松　世界に重複障害者は〇〇人(聞き取れず)、その金を使えば戦争がなくなる。俺は施設で働いてるから政府の代わりに殺せる。600人は殺せる。

友人　障害者が死んでも税金は余らないと思う。

植松　いや、いるだけで迷惑なんだよ、親も迷惑してる。

友人　みんなが迷惑してるとは限らない。
植松　いや、迷惑してるんだよ。自分は選ばれた存在だから。イルミナティカードで救世主と予言されてる。UFOを見た。
友人　都市伝説でしょ？　さとくんは選ばれた存在でもなんでもない。
植松　成功したら名前も顔も変える。一生遊んで暮らす。100億円もらう。安楽死や大麻合法化などの法律を作る。

植松被告は、友人たちにこんな調子で電話をかけまくっている。別の友人には、「知ってるか、世界でいくら無駄な税金が使われているか。世界に障害者が○○人いて、そのために○○円も税金が無駄になっている」「殺せば世界平和に繋がる。トランプ大統領は殺せば大絶賛する」などと語り、安倍総理に手紙を書いたから聞いてほしいと電話口で読み上げている。これは何人もの友達にやっている。例の「障害者は不幸を作ることしかできません」という手紙だ。

そうして彼は、友人の一人にこう言っている。

「安倍総理の許可もらったら実行するよ。お金もらったら遊ぼう」

あまりの屈託ない様子に、傍聴席で頭がクラクラした。植松被告は本当に、本心から、「事件を起こしたら安倍総理らに褒められてお金をもらえると信じていた」のだろうか？　だとしたら、やはり普通の精神状態とは思えない。また、「そんなことしたら捕まるよ」という友人の忠告への答えも妄想じみている。
「2、3日したら捕まえられて安倍総理に会える」

変化は、前述した高校時代の元カノも感じていた。

15年8月に電話してきた植松被告は「最近、病んでる」と言ったという。「お前は結婚して出産して、大成功だな」。そんなふうに言う植松被告に「彼女いないの?」と尋ねると「いない」。普段と違って「この先どうなるんだろう……」などと弱音じみた台詞を吐き、また、両親が「近所の猫のことでトラブって引っ越した」と述べたという。13年末、両親は植松被告と暮らしていた一軒家を出てマンションに移っている。以来、植松被告はそこで一人暮らしをしていた。

それからしばらくして、「鼻を整形しました」と、整形前と整形後の写真をLINEで元カノに送った。

15年11月には、「イルミナティカードって知ってる? ネットで見て」「今までの大事件は予言されていた」などと元カノに連絡する。それだけでなく、「13013」という数字を後ろから読むと「さとし」と読める(「13013」という数字を逆に読むと、3、10、3+1=4になり、それが「さとし」と読めるということらしい)、「すごくね?」などと一人で大興奮。相手にするのが阿呆らしいと思ったが、「でもさ、すごくね?」とカードを信じ切ってる様子だったという。

16年2月（衆院議長に手紙を出した月）には、「今、電話できる？」「旦那もいたら一緒に聞いてほしい」とLINEがくる。「電話できないからLINEで」と返信すると、植松被告から長文が送られてきた。内容は、障害者の命のあり方について。

「目や耳に障害がある方は尊敬しています。しかし、重複障害者は人間でしょうか。車椅子に縛られ、ドロドロの食事をさせられています。生まれてから死ぬまで周りを不幸にする重複障害者はいらないのではないでしょうか」

「人口は増えすぎています。人の形をしているだけで重複障害者は人間ではありません。会話は人間の文化ですが、彼らはできません。意思疎通できない人は殺すべきです。牛、豚、犬、ゴキブリは殺すのに、なぜでしょうか。彼らには、莫大な税金がかかっています。お金がなくて戦争するなら、もっと考えることはあるはずです」

彼女は何を言っているのかと思いながら、「彼らとは？」と返信すると、「重複障害者です」。とりあえず言い分を聞こうと「続けて」と返した。

「重複障害者は生きている意味がない。面会に来る家族の疲れ切った顔。税金はかかるし家族は疲れさせるし、不幸にすることしかできない。彼らは必要なのか。安楽死させる世の中にすべきでは。抹殺すべき」

この時彼女は、「人の命を軽く見る言動をしているのを初めて見た。私の知る植松ではないと思った」という。そうして、返信した。

彼女　中には障害者と会いたくないという家族もいるかもしれないけど、全員じゃない。毎日面会に来る人もいる。自分の息子が障害を持ってたとしても、生きててほしい。

植松　それは綺麗事。

彼女　世の中には刑務所に入ってる人もいる。そういう人にも税金は使われてる。妊娠している時、障害があるとわかってても産むべきだと、自分も義理の母に言われた。

植松　ひどい母親。重複障害者は排除すべき。

彼女はだんだん読むのが嫌になり、「洗脳とけたら連絡してこい」とLINEをブロックしたという。

同年2月11日（衆院議長に手紙を出しに行く数日前）、彼女のTwitterに植松が他愛ないコメントをしてきた。

それからだいぶ経った5月と6月には、ショートメールが来た。電話などかけていないのに「電話はどうしたのかな?」という内容。返信しないままでいると、6月に「同窓会しませんか?」。

「行かない、関わりたくない。マジで連絡しないで」と返信。

6月22日(事件の約1ヶ月前)、「二重にしました」と連絡。また、「8月、格闘技に出ます」という連絡もあったという。が、8月、彼はすでに塀の中だった。


結局、2月に手紙を持参して衆院議長公邸前に行き、それがきっかけで措置入院。措置入院が解除されたあとには、心理カウンセラーにも障害者の安楽死について語り、「誰かがやらなければ」と語っている。

この心理カウンセラーは植松被告の両親の知り合いで、小さな頃から家族ぐるみの付き合いをしていたそうだ。植松被告の両親に依頼されて、措置入院からの退院後、電話で話したり、ラーメン屋で会って話したりしていたという。事件後、一切のメディア取材を頑なに拒否し続けている両親だが、措置入院後はこのように、一人息子を心配して知人のカウンセラーに会わせていたのだ。

「どうしてさとしが?」。カウンセラーがそう植松被告に問うと、イルミナティカードの画像を見せて、語呂合わせすると自分の名前になると言ったそうだ(例の「13013」。一方、この数字を、形が似ていることから「BOB」とも読み、「伝説の指導者・ボブ」ということも植松被告はよく言っていた)。

「イルミナティは裏で地球を牛耳ってる。高度な宇宙人が関与してる」「イルミナティが政府に手を回して自分を解放してくれる」「コンピュータに脳を移植してもらって不老不死を手に入れる」と熱心に語っている。

友人やカウンセラーだけでなく、行きつけの理髪店でも障害者を安楽死させた方がいいと力説している。

また、やまゆり園の同僚には、同僚家族への「養子縁組」の話を持ちかけている。夜勤で一緒になった同僚（ほとんどそれまで話したことがない）と雑談中、同僚の夫の兄弟（?）がベルギーに住んでいると知った植松は興奮し、「今、友人とベルギーに移住したいと考えている」と言い、こう続けたという。

「絶対に言わないでくださいね。大麻、どう思いますか？ ベルギーは大麻が合法だから。でも永住権がいる。養子になれば永住権が取れる。（夫の兄弟?）を紹介してほしい。養子にしてもらいたい」

それからずっと、フリーメーソンや秘密結社の話をとめどなくしていたという。

変だと思う。他人との距離感もおかしく、やはり普通ではない気がする。

第6回公判を傍聴して思ったのは、事件前年、障害者を「かわいそう」と言い出した時期から、明らかに何かが変わったということだ。

前述したように、2月、植松被告は高校時代の元カノに「重複障害者はいらない」などと

LINEを送っている。そこにあった「ドロドロの食事」という言葉を見て、彼女は自身が高齢者介護の仕事をしていた頃のことを思い出したという。ドロドロにしたご飯に、デザートのいちごも混ぜて出していたそうだ。そのことが「この人にとって良いサービスなのか」と疑問だった。だからこそ、植松被告の気持ちが少しわかる気がしたという。高齢者を助けたいという思いで介護の仕事に入っても、理想と現実のギャップを感じていたという。

それはおそらく、ケアの仕事につくすべての人が感じている葛藤ではないだろうか。そして植松被告はその葛藤に、耐えきれなかったのではないだろうか。葛藤しながら向き合うのではなく、いろんなことをすっ飛ばして、最悪の解答を導き出した。おそらく、葛藤から解放された彼自身は「楽」になっただろう。もしかして、それほどに彼の葛藤は深かったのか。わからない。いくら考えても疑問符ばかりだ。

一方、友人たちの供述からは、「障害者を殺す」と繰り返すようになった16年はじめ頃、植松被告からどんどん人が離れていく様子もリアルに伝わってきた。

例えば幼馴染の一人は、植松被告がクラブの知人にまで「障害者を殺す」と言い、意見を求めていることを聞きつけ、「自分の顔が潰された」と怒って呼び出している。事件が起きる7月はじめのことだ。

「どうなってる？　どう考えてる？　障害者のこと」と問うと、植松被告は「前と変わってない」。

「夏が終わったらやるの？」（植松被告は事件前、夏が終わったら殺すと言っていた）と聞くと、「夏は楽しみたい」という答え。「最近どうしてる？」には「今は本書いてる」と答えている。おそらく「新日本秩序」のことだろう。この頃の植松被告は、やまゆり園を辞めて5ヶ月。幼馴染は植松被告が仕事もせず暇だから変なことを考えるのだと思い、「ちゃんと仕事しろよ」と言うと、「でも、俺がやらなきゃ」と答えたという。

この幼馴染は、そんな植松被告から離れなかった数少ない1人だ。

衆院議長に手紙を出す前には、植松被告に「手紙を書いたから聞いて」と読み上げられている。「政府に不満あるならデモとかすれば？」と言うと、植松被告は「相手に伝わらないと困る」。

さとくん変な宗教にハマったんじゃないか、と思っていた頃、仕事を辞めて警察に連れて行かれたらしいと聞いたという。

その後、植松被告の母親から連絡があり、措置入院のことを聞かされた。退院する際には、疲れた様子の植松母から「（植松被告が）大麻をやめるよう、見守ってほしい」とお願いされたという。親からも頼りにされるほど親密な付き合いの幼馴染だったのだ。そして植松被告の親は、息子を心配してあれこれ手を尽くしていたのだ。退院の日の3月2日にはさっそく植松被告から電話があり、相模湖のファミレスで夜、会った。この時集まったのは、植松被告を入れて5人。が、植松被告は入院前とまったく変わらない様子の言動で、「退院が早すぎる」と思ったという。

それから3日後の友人の結婚式の二次会に、植松被告は「トランプをイメージした」という黒いスーツに真っ赤なネクタイという姿で現れ（金髪にしたのもトランプをイメージしていたようだ）、「障害者はいらない」と話し、人目も気にせず大麻を吸うので「みんなドン引き」。

翌日の6日には別の友人の結婚式の余興の撮影をするもの、植松被告は自分の意見が採用されないと、拗ねたり一人でイライラしたり。

「このまま結婚式に来たらぶち壊しになる、呼ばない方がいい」ということになり、植松被告は招待客から外された。

3月末には、「障害者殺し、一緒にやらないか？」と誘われる。周りの友人たちは次々と「さとくんと縁切った」「さとくん何しでかすかわからない」と植松被告から離れていった。しかし、この幼馴染は「トンデモないことをしないよう見守ろう」と、月に1、2度会うように努めたという。そうすると障害者のことは口にしなくなったが、他のところでは言っているようだった。

この幼馴染は植松被告について、「昔から口ばかりのとこがあったので、まさかやるとは……。（衆院議長への）手紙も出さないと思ってた」と語っている。

幼馴染の供述を聞いている間の植松被告は、バツの悪そうな顔で、しきりに首をひねったりしていた。

教育実習では高評価

この日の裁判では、大学在学中、教育実習に行った先の小学校の評価も紹介された。「朝、児童を玄関で気持ちの良い挨拶で迎えるなど、やる気があり、熱心」と評価は高く、実際、勤務や指導態度ではA評価を受けている。総合成績は70〜79点のB評価。

この実習で、植松被告は自分の長所として「どんな人とも明るく接することができる」と書いている。短所は、「注意深さに少し欠ける」。

12年には、念願の教員免許を取得。が、教員採用試験は受けていない。

また、やまゆり園に勤め始める際のエントリーシートや作文も紹介された。

これまで学んだこととして、「子どもの心」「発達心理」。主な活動としては、「アルバイトで3年学童保育」という経験が書かれていた。

作文では、「私の人生のプラスはこの3つ」として、以下が書かれていたという。

1 少4から高3までバスケ部に所属。中学の部活は厳しく、監督から叱られた。それによって忍耐力、継続力、仲間を思いやる気持ちが身についた。

2 3年間、非常勤として学童保育で働いた。

3 今の職場(おそらく自販機に飲み物を補充する会社)の新入社員代表に選ばれた。

衆院議長公邸前で土下座

この日は、植松が衆院議長公邸に手紙を渡しに行った際の行動も明らかになった。衆議院事務局の供述調書が読み上げられたからだ。

それによると、植松被告は2月14日の午後3時25分、公邸の正門前に黒いスーツにネクタイという姿で現れ、警備に「手紙を渡したい」と繰り返したという。「担当がいない」と言っても引き下がらず、麹町警察署に応援が要請され、職務質問を受けると住所、名前、電話番号を素直に答えたそうだ。

その翌日、植松はスーツに赤いネクタイで再び「議長に手紙を渡したい」と公邸前に現れる。内容を質問すると口ごもり、「対応できない」と言われると、道端で土下座を繰り返すので、仕方なく受け取ったという。

道端で土下座とは、やはり常軌を逸している。

この日、最後に読み上げられた供述調書によると、植松被告の自宅に残されたメモには、以下のような言葉があったという。

「友人、家族が戦争で殺されたら犯人を許すことができるか？　わからない」

「戦争は不幸を作るが、障害者が生きることも不幸を作る」

「障害者に金銭的支援をすることが間違い。施設を見学してもわからない」

「天才・堀江さまも障害者は働くな、無駄と言ってる。より知能の高い人の言葉に耳を傾けるべき」

「失敗した憲法に縛られるのではなく、全人類のためにお力添えをお願いします」

1月21日

第7回公判 後輩女性の供述調書読み上げ

この日は傍聴できなかったが、事件数時間前に植松被告と「最後の晩餐」をした後輩女性・Xさんの供述調書などが読み上げられた。

Xさんによると、2人は7月25日の午後9時頃から新宿・歌舞伎町の飲食店で食事。食事の予定はもともと27日に設定されていたが、この日の朝、「予定を変更してほしい」と植松被告から連絡があったのだという。なぜかと聞くと、「時が来たんだよ」という答え。食事中はやはり「意思疎通できない人を殺す」などと話し、「今日で会うのは最後かも。しばらく会えない」と言ったそうだ。

参考……産経新聞2020/1/21「相模原45人殺傷、犯行直前の行動明らかに　会食の予定前倒し「時がきたんだよ」第7回公判」
https://www.sankei.com/affairs/news/200121/afr2001210029-n1.html

この日、別の「やまゆり園」で虐待があったことが報じられた。

神奈川県の黒岩知事が記者会見で明らかにしたのだ。虐待があったのは、「愛名やまゆり園」。「社会福祉法人かながわ共同会」が運営する施設で、ここは「津久井やまゆり園」も運営してきた。なんでも職員が複数の入所者に対し、風呂場で水をかけたり、食事制限がある入所者に大量に食べさせたりしていたという。夜中に1〜3時間、トイレに座らせられた入所者もいるという。県は改善を指導する方針、と報じられた。

裁判中の虐待発覚だったが、このニュースはあまり注目されなかった。

参考……産経新聞2020／1／21「別のやまゆり園で虐待　風呂場で入所者に水掛ける」
https://www.sankei.com/affairs/news/200121/afr2001210022-n1.html

1月
24日

第8回公判　初めての被告人質問で語った「幸せになるための七つの秩序」

とうとう被告人質問の一日目だ。

植松被告が自分の言葉で事件について語るのである。幸いにして、傍聴券を手に入れた。

1月24日10時30分、植松被告は手錠を外され、横浜地裁101号法廷の証言台に立っていた。黒いスーツに白いシャツ、ネクタイはしていない。周りには6人の刑務官。

「今、どこにいるかわかりますか」

被告人質問は、弁護士のこの一言から始まった。

植松被告は、自分は裁判所にいること、この裁判が19人を殺害した事件の裁判だとわかっていることなどを発言。ハキハキした口調で、声も大きい。

「この裁判で、弁護側がどのような主張をしているか知っていますか?」

そう聞かれた植松被告は「心神喪失、心神耗弱による無罪を主張しています」と述べ、続けた。

「自分は責任能力を争うのは間違っていると思います。責任能力がないものは、即、死刑にすべきだと思うからです。自分には、責任能力があります」

法廷で、植松被告が初めて「自分には責任能力がある」と主張した瞬間だった。ここで「心神喪失で無罪、もしくは心神耗弱で減刑」と訴える弁護団と植松の間に対立があることが明確になった。実際、植松被告は弁護人に不満があるようで、1月22日、JNNの面会取材に応じた際、「1人で裁判を受けたい」「弁護人を解任したい」と語ったと報じられている。

初公判での自傷行為について、「おかしいふりをして死刑を回避したいのではないか」という声も一部、あった。が、この発言でそれは明確に否定された。障害者はいらないと殺した彼にとって、心神喪失で無罪となると自分自身が心失者＝「精神障害者」ということになる。死刑よりも、「障害者になること」こそを回避したかったのだろう。

さて、ここで弁護士は、3年前、植松被告から渡されたノートの話をした。そこに何が書かれていたか問うと、植松は「より多くの人が幸せになるための七つの秩序」と回答した。

午前の法廷は、この「七つの秩序」についての質問となる。

新日本秩序

弁護士　その七つの秩序について、言えますか？

植松　はい。「安楽死」「大麻」「カジノ」「軍隊」「セックス」「美容」「環境」です。

弁護士　安楽死とは、誰を安楽死させるのですか？

植松　意思疎通のできない人です。名前、年齢、住所を言えない人間です。
弁護士　そのような人に、どんな名前をつけていますか？
植松　心失者です。心神喪失者の略です。
弁護士　誰が作った言葉ですか？
植松　私です。
弁護士　いつからそう呼んでいますか？
植松　最初は「バケモノ」と呼んでいました。それでは傷つく人がいると思い、変えました。
弁護士　「バケモノ」と言っていたのはいつまでですか？
植松　事件後の、最初の精神鑑定までです。
弁護士　どうして安楽死させないといけないと思ったのですか？
植松　無理心中、介護殺人、社会保障費の増大、難民問題などを引き起こすもとになっていると思うからです。
弁護士　無理心中のもととは、どういうことですか？
植松　子どもが重度障害者だと生活に耐えられません。
弁護士　介護殺人とはどんな関係が。
植松　重度障害者は考えがあやふやで、死について考えることができません。
弁護士　難民問題とはどういう関係がありますか？

植松　直接的にありませんが、不幸は繋がっています。
弁護士　意思疎通がとれないのは、障害者には限りませんが。
植松　自分で食事や排泄ができなくなったら自死が認められるべきだと思います。
弁護士　意思疎通ができない人にも親、家族がいます。
植松　子どもが障害を持っていて守りたい気持ちはわかりますが、それは良くないと思います。
自分のお金と時間で面倒を見ることができないなら。お金を国から支給されているので。
弁護士　愛情をもって接している人もいます。
植松　気持ちはわかりますが、お金と時間を奪っている限り、守ってはいけないと思います。
弁護士　意思疎通ができない人を安楽死させると世の中はどうなりますか？
植松　生き生きと暮らすのではなく、生き生きと働ける社会になります。
弁護士　働くことが重要ということですか？
植松　はい。仕事をしないから動けなくなってぼけてしまう。働かない人を守るから働けない人が出てくる。支給されたお金で生活するのは良くありません。

いや、自分だって事件前、生活保護と雇用保険受けて働いてなかったじゃん！っていうかこの3年間だって拘置所で税金で暮らしてるんじゃゃん！思わず突っ込みそうになった。
しかし、植松被告は滔々と話し続けた。暗記して練習していたような、畳み掛けるようなハキハキした口調だった。

弁護士　日本では、安楽死は認められていませんが、認めるべきということですか？
植松　はい。死を考えることで、より良く生きることができると思います。
弁護士　法律は？
植松　これから認めて頂ければと思います。
弁護士　国から支給されたお金とは？
植松　日本が借金だらけと考えました。
弁護士　どこから知ったんですか？
植松　お金が欲しくて、世界情勢を調べるうちに気づきました。
弁護士　ニュースでですか？
植松　テレビやネットです。
弁護士　障害者を安楽死させると国の借金はどうなりますか？
植松　減らすことができます。
弁護士　国の財政が良くなるということですか？
植松　みんなが幸せに生活できると思います。

国の財政と言っても、年間の障害福祉予算は国の一般会計の1%台にすぎず、またそれで自分も給料をもらっていたのに、このような主張をする。敵を設定して「○○さえなくなれば全部良くなる」という短絡的な発想は、この10年くらいで随分定着してしまった感がある。その「○○」には、今まで「在日」や「公務員」「生活保護受給者」なんて言葉が入ってきた。

同時に、ある既視感も感じた。植松被告は事件前から「日本の財源問題」を憂えているが、国のトップでも財務大臣でも官僚でもない彼は、そもそも財政問題など考えなくてもいいのになぜここまでこだわるのか。

しかし、そんな「権力者マインド」「経営者マインド」は、いつからかこの国の多くの若者たちの中に根付いているものでもある。例えば「時給を上げろ」というデモを見た彼らはそれに賛同するのではなく、「企業が潰れる」「それだけの時給に見合った働きをバイトがするのか」と、なぜか経営者目線で語る。自らが時給1000円程度で働いているのに、である。財政問題にしてもそうだ。自分の生活が苦しいのに、「日本の借金」が大変だからもっと締め付けるべき、と自分の首を絞めるような主張をする。

そのようなマインドの背景にあるのは、「常に上を目指していない奴はクズ」というようなメッセージを浴びるように受けて来たことではないだろうか。彼らが決して「労働者目線」で語らないのは、「一生自分が労働者だと思っているような人間はダメ」だと刷り込まれているからで、いつか成功して経営者になるのだから、時給1000円でバイトしているのは「仮の姿」なのだ、という理由からかもしれない。だから、非正規労働者やフリーターの運動は、多くの若者たちにとって「主流」にはならない。なぜなら、多くの若者が「自分は非正規やフリーターなんてすぐに辞める」と思っているからだ。

権力者マインドや経営者マインドになれば、強者になった気分になれる。成功者や権力者など、強い者と一体化した気分も味わえる。そのような貧困層の若者は、SNSなどで決して私や藤田孝典氏（貧困問題に取り組み、『下流老人』などの著書がある）をフォローしない。彼らが好きなのは、堀江貴文氏であり、前ZOZOTOWN社長の前澤友作氏などである（20日の法廷で読み上げられた植松被告のメモの「天才・堀江さま」という言葉はおそらく堀江貴文氏のことだろう）。

というような光景を、この10年くらい私は見ている。「国の財政を憂える」植松被告は、いわば典型的な若者像とも言えるのだ。75年生まれの私にはその感覚はない。しかし、自分より10歳若くなると、如実にそれを感じる。植松被告は15歳下の90年生まれだ。

さて、法廷での話題は、やまゆり園の勤務に移っていく。

弁護士　12〜13年頃からやまゆり園で働き、そこで多くの障害者を見ましたが、何を感じましたか？

植　松　こんな世界があるのかと驚きました。

弁護士　そこから考えが変わったんですか？

植松　はい。重度障害者は必要ないと思いました。

ひときわ大きな声ではっきり言った。

弁護士　（入所者の）家族に会ったこと、話したことは？
植松　あります。何十回も。施設にずっと入所している人の家族は明るく呑気ですが、短期入所の家族は表情が暗くて、そそくさと逃げるように帰っていきます。
弁護士　どんな様子ですか？
植松　家族は疲れ切っていました。奇声をあげて暴れるような障害者は家で育てることはできません。
弁護士　ノートに安楽死と書かれているが、本人の同意は？
植松　家族の同意があればいいと思いました。本人は意思疎通がとれないので。
弁護士　安楽死を望まない家族もいますよね。安楽死させる必要はないのではないですか？
植松　お金と時間が支給されている限り、違うと思います。
弁護士　家族が愛していて、安楽死に同意してなくても安楽死させるべきということですか？
植松　その通りです。
弁護士　その考えに至るまではどれくらいかかりましたか？

植松　安楽死を考えて1ヶ月くらいです。16年3月頃です。
弁護士　措置入院の頃ですか？
植松　はい。

話題は突然ヒトラーに移り、どう思っているか問われると、植松被告は言った。

植松　ユダヤ人を殺したのは間違ってると思います。
弁護士　間違っていないことは？
植松　重度障害者を抹殺したのは間違っていないと思います。
弁護士　安楽死の考えを思いついたのと、ヒトラーを知ったのと、どっちが先ですか？
植松　安楽死が先。それからヒトラーを知りました。
弁護士　どう思いましたか？
植松　障害者を殺害したことは知らず驚きました。そこまでなら間違ってなかったと思います。軽度障害者も含まれていたら、間違っていたと思います。

七つの秩序の二つ目・大麻については、自説を展開しまくった。
「本当に素晴らしい草で、深く感謝しています。嗜好品として使用、栽培が認められるべきです」

大麻が禁止される理由を弁護士に問われると、「病気が治ると薬が売れなくなるからだと思います。大麻は250の疾患に聞くと言われています。楽しい心が身体を回復させます」。また、大麻を使うとどうなると問われて「脳が膨らみます」「多幸感を与えてくれます。ビル・ゲイツさんも、『物事を別の角度から見られる人生最大の経験』と言っています」。

21〜24歳頃まで吸っていたという脱法ハーブについては「最悪」「バカになってる実感があった」とコメント。大麻は23、4歳から事件まで吸っており、その頻度は週2〜4回だったという。また弁護士に大麻が合法の国について聞かれると、「待ってました」とばかりに「オランダ、ベルギー、アメリカ、カナダ、ブラジル、オーストラリア。医療大麻はロシア、イギリス」などと得意げに国名を羅列するのだった。

そうして弁護士が話題を「カジノ」に移そうとすると、「大麻についてもう少し話したい」と遮り、「安楽死が認められている国は大麻が合法の国が多い。大麻で考えが深まっているからだと思います」と自説を展開。「日本人も大麻を吸って楽しい生活をすれば安楽死を認めると思います」と述べたのだった。

その後、カジノについては、カジノは認めていいものの、「カジノではなく小口の借金が悪いと思った」とよくわからないコメント。

しかし、このように「七つの秩序」について質問され、一つ一つに答えていく植松被告は得意げな様子だった。彼は、「俺が世界を変える方法」みたいなものを編み出して、こうやってインタビューされることが夢だったのではないだろうか。そしてそれが今、変則的な形で叶っているのかもしれない。法廷を見ながら、そんなことを考えた。

次の「軍隊」について聞かれると、「男性は18歳から30歳の間、1年間訓練すべきだと思います」と主張。そう思ったのは、「韓国の俳優さんを見て、気合い入っててカッコいいと思った」かららしい。「鉄は熱いうちに打てというように、精神が柔軟なうちに厳しい試練を与えれば簡単に心が折れなくなると思う」。今の日本人は弱いと思うか、と問われ「はい。ひきこもりが多いのも試練を乗り越えていないからだと思います」。兵役を義務にするとひきこもりが減るか、と問われ「そう思います。身体が健康になれば精神も健康になる」。ここで弁護士に「日本の戦前のようなイメージですか？」と聞かれた植松被告は少し動揺した。「戦争より前？……ちょっと、勉強不足で、すいません」。兵役と戦前、というのが彼の中ではすぐには繋がらなかったらしい。弁護士が「韓国のイメージ？」と質問を変えると「そうです」と頷いた。肉体、精神を鍛えている韓国男性を見て憧れを持ったらしい。

なんとなく、ひきこもりを否定したり健全な肉体には健全な精神が宿るという言い分であったり、昭和っぽい価値観だが、韓国には肯定的というスタンスだ。

次のテーマは「セックス」だが、これは弁護士によって「男女について」と言い換えられた。植松被告はかしこまった感じで「性欲は間違った快感を覚えると他人を傷つける可能性がある」

「避妊をもっと当たり前にする」「ピルがコンビニで買えればいい」と主張。

　その次のテーマは「容姿」だが、弁護士が「女性の体型や容姿」について質問すると、またしても自説が展開された。

「女性だけでなく、人間は美しい方がいいと思います。美は善良を生み出すと思います。そのために整形の費用を国が一部負担していいと思います。また、子どもは遺伝子を受け継ぐので、交際前に（整形していることを）報告すべきだと思います」。そうして「みんな整形した方がいい？」と聞かれると、「医療脱毛の方が大切かもしれません」と答えた。実は植松被告が裁判にあたって「医療脱毛したがっている」ということを、私は面会している人から耳にしていた。人前に出る機会ということから、おそらく髭だと思うのだが、医療脱毛を希望していたというのだ。そうしてこの日、植松被告は「一番大切なのは医療脱毛」と強調し、事件の一年前に自身が医療脱毛をしていたことを述べた（そのことは初めて知った）。そんな医療脱毛の感想について植松被告は、「身体が綺麗になり、心も綺麗になったと思います」と述べている。その一年後に事件を起こしているのだが……。

　ここで最後のテーマ「環境」だ。「環境については」と聞かれると、植松被告は理解不能な言葉を口にした。

「深刻な環境破壊による温暖化防止のために、遺体を肥料とした森林再生計画に賛同します」

　最後に弁護士が、この「七つの秩序」のノートをくれたのは3年前だが、今も考えは変わらないか聞くと、言った。

「考えが深まりました。どうして大麻と安楽死を認めた方がいいのか、説明できるようになりました」


そうして午前の法廷は、残り時間30分近くを残して午前11時35分、休廷となった。

始終、自意識過剰な若者の「俺が独裁者になったら」みたいな稚拙な話に付き合わされている感覚だった。もっと言うと、「小説も書いてないのに『俺は芥川賞とる』と言い張ってて、インタビューの受け答えの練習のみをしている中二病の友達」の話に延々と付き合わされてる感じだった。が、本人はかなりの高揚の中にいるようにも見え、時々ハンカチで汗をぬぐっていた（法廷が暑いということもあるが）。

そうして午後、植松被告の話はさらに混迷を極めていく。

午後の法廷でも暴走

午後の被告人質問が始まってすぐ、なぜ、事件を実行しようと思ったか問われた植松被告は堂々とした口調で答えた。

「自分が気がついたからです」

実行は、措置入院中に思いついたという。その頃欲しかったのは「お金」。お金を得るためには「人の役に立つか人を殺すか」だと思ったという。「殺す」という意味について問われると、「詐欺をしたり、覚せい剤を売ったり、安い賃金で働かせたりすることです」という答え。よくわからないが、「障害者を殺すのは役に立つことだと思ったのか」と聞かれ、「役に立つと思いました」と頷いた。が、当然ながら植松被告はそのことによってお金など得ていない。「(どうやって誰からお金が入るかなど)細かいことは考えていませんでしたが、お金が入る権利はあると思いました」。

衆院議長に出した犯行声明の手紙について聞かれると、政府の許可が欲しかったと発言。誰の許可かと問われると、「総理大臣とか偉い人です」。総理大臣に何を期待していたのか、と問われ「自分の中でいいアイディアだと思ったので伝えたかったんだと思います」。そもそも政府の許可は必要? と聞かれると「はい、犯罪だから必要です」と淀みなく答えた。

その手紙がきっかけで措置入院となるわけだが、入院させられた時の気持ちを聞かれて一言、「ヤバいと思いました」。トイレと監視カメラしかない部屋に閉じ込められ、このまま出られないのではと思ったという。

そんな措置入院中も、植松は多くの医者、看護師に「重度障害者は安楽死させた方がいい」と主張していた。医者も看護師もその発言には皆、首を傾げたという。それに対して植松被告が述べた言葉に驚いた。

「重度障害者もいる精神病棟なので、否定できなかったんだと思います。『一理あるな』と感じて頂いたと思います」

この解釈は、どう考えてもおかしいと思う。一方で植松被告は、退院するための計算もちゃんとしている。

「（退院するために）礼儀正しく過ごしました。安楽死についても言わなくなりました。そうしたら少しずつ制限が軽くなっていきました」

そして唐突に、植松被告は言った。

「今は悪いことの方が儲かるから、悪いことが流行ってるんだと思います。いいことをしても儲かりません」

イルミナティカード

弁護士からの質問が、世界の出来事を予言するというイルミナティカードに変わった。この話題になると、植松被告はさらに饒舌になった。

弁護士　イルミナティカードとはなんですか？

植松　社会の真実が書かれているカードです。（首を傾げながら）スティーブ・ナントカ社……？

よくわかりません。500枚くらいカードがあるカードゲームです。ネットやテレビで見ました。

弁護士　どんなことが書いてあるんですか？

植松　なるほどと思う真実ばかりです。例えば、コマーシャルに出ている俳優の足元に大金があったり。

弁護士　お金を貰えばなんでも話すという意味ですか？

植松　「ケチャップは野菜だ」とも言っていました。「大切な要求は拳銃を突きつけた方がいい」、あと「日本は滅びる」。

弁護士　いつ滅びますか？

植松　たぶん今年滅びます。首都直下型地震から、いろいろと問題が起きます。

弁護士　ここ横浜でも何か起きますか？

植松　原子爆弾落ちてました。たぶん2020年の6月7日か9月7日。それは『闇金ウシジマ君』に書いてありました。

弁護士　他には？

植松　9・11やビットコイン、トランプ大統領、世界情勢についてそのまま書かれてました。

弁護士　日本で発生したことは？

植松　3・11が書かれてました。

弁護士　あなたのことは書いてあった？
植松　わかりません。
弁護士　ノートに5つの数字が書いてありましたが。
植松　13013。意味はわかりませんが、聖なる数字と伺ってます。日本はヤバいと思いました。友人にも話しました。
弁護士　日本が滅びないために何をしようと思いましたか？
植松　社会に貢献しようと思いました。
弁護士　だから殺したと。
植松　そうです。

イルミナティカードについて植松被告は友人たちに興奮気味に話していたようだが、信じる人と信じない人に別れたという。

「人生がうまくいっている人はあまり興味を持ちませんでした」

そういうところは、妙に冷静に観察している。そんなイルミナティカードで、植松被告は特別な存在とされているようだった。「自分をどういう言葉で言いましたか」と問われ、「伝説の指導者になれるかもしれない、と言いました」と言った植松被告は、「ネットに書いてあったんで」と慌てた様子で付け足した。それは本当に素の感じの言葉で、なかば照れたように「いやいや自分で言い出したわけじゃないんで、俺そんな自信家じゃないんで、ほんとにネットに書いてあったんで」という感じで、植松被告がそのカードにまつわるものを心底信じていることが伺えた。

そんなカードにハマった植松被告は、友人たちに「革命を起こす」「障害者を殺す」としきりに言うようになる。50人くらいには言ったという。

「半分以上に同意、理解してもらいました。自分は冗談をよく言いますが、一番笑いが取れました。真実だったから笑いが起きたんだと思います」

この解釈も、明らかにおかしいと思う。笑う＝同意では、決してない。裁判を傍聴していくうちに、私の中では「植松被告は、笑いの種類が読み取れないのでは？」という疑念が膨らんでいくのだが、この時が初めてそう感じた瞬間だった。

もしかして彼は、困った果ての苦笑いや、「何バカなことを」という嘲笑などの区別がつかなかったのではないだろうか？

友人たちを「笑わせて」いるつもりが、本当は「笑われていた」のではないだろうか？

この疑念はその後、私の中でどんどん大きくなっていく。

トランプ大統領を絶賛

イルミナティカードを知り、「日本はヤバいと思った」という植松被告。そして日本が滅びないために、社会に貢献しようと思い立ち、起こしたのがあの事件だった。

植松被告が措置入院していたのは16年2月。その頃の世の中について聞かれると、植松被告は答えた。

「ISISが暴れていました。恐ろしい世界があると思いました」

トランプが選挙に出ていたことにも触れ、トランプ大統領の絶賛が始まった。

「とても立派な人。今も当時もそう思います」。どこが？と聞かれ「勇気を持って真実を話しているところです。メキシコ国境に壁を作るとか」。それはいいこと？悪いこと？と問われ「わかりませんが、メキシコマフィアが怖いのは事実です」。

「トランプ大統領はカッコ良く生きてるな、生き方すべてがカッコいいと思いました」

「見た目も内面もカッコいい」

「カッコいいからお金持ちなんだと思いました」

トランプ大統領の影響を聞かれ、「真実をこれからは言っていいんだと思いました。重度障害者を殺した方がいいと」。

事件を起こすことでトランプから反応があると思ったかについて問われると、言った。

「あってもおかしくないと思いました。おかげでプーチン大統領から反応を頂けて光栄です」

どんな反応？　と問われて「追悼のお言葉を頂きました」「重大な問題であると伝わったと思います」。

プーチン大統領からの反応というのは、事件当日、安倍首相宛てに送られた追悼の意を表明するメッセージだ。弔電でプーチン大統領は「無防備な障害者を狙って実行された犯罪の残忍さに動揺している」と、遺族に哀悼の意を示している。

このメッセージは遺族に向けたもので、事件に理解など1ミリも示していないのだが、植松被告は「重大な問題であると伝わった」と捉えている。裁判の傍聴を続けていて気づいたのは、植松被告の病的なほどの前向きさというか、なんでも自分に都合のいいように捉える癖だ。客観的に見て、決して「イエス」ではないのに勝手に「イエス」と受け取るような。人の言動の受け取り方が、あまりにも独特なのである。

その後、トランプ大統領、プーチン大統領以外で気になる人はと問われ、フィリピンのドゥテルテ大統領、北朝鮮の金正恩の名前をあげた。ドゥテルテ大統領が覚せい剤根絶を掲げて売人を殺していることに触れ「覚せい剤を根絶するのは大変な仕事だと思いました」。金正恩についていては「若いのに国を背負っている」、立派だと事件後に思うようになったと言った。

事件の時期は、トランプ大統領の選挙にも関係していたようだ。選挙が11月なので、その後に事件を起こすとトランプ大統領に迷惑をかけると思ったという。「トランプみたいな人が大統領になったからこんな事件が起きた、と言われるのでは」という懸念を抱いていたというのだ。一方で、10月1日が「1001」と門のような字面であること(友人が門出の日と言っていたらしい)、自分の貯金残高(これは大事な点だと思う)を考えると、10月までには事件を起こそうと思っていたという。また、普段から「殺す」と言っているうちに、「殺す世界に入っていた」とも言う。それだけではない。あまりにも多くの人に「障害者を殺す」と言っていたことから、そんなことを言う自分が殺されるのではないかとも思い始めたそうだ。

そうして話題は事件前日から事件当日に触れる。前日、ホームセンターでハンマーや結束バンドを買った植松被告は、都内に1日に2度も出向くなどの行動を取り、事件現場に向かっている。

「ベストを尽くしました」

弁護士　犯行時、自分は何をしていると考えていましたか？
植松　障害者を殺害していると思いました。
弁護士　その意味についてはどう考えていましたか？
植松　社会の役に立ちたいと思いました。
弁護士　退院して、4ヶ月間考えたことをやっていると。

植松　必死でした。

弁護士　職員には何かしましたか？

植松　喋れるか確認しました。部屋に入ると喋れない人は荷物がなかったりするので、雰囲気でわかることもあります。

弁護士　喋れたら？

植松　殺害するつもりはありませんでした。

弁護士　喋れなかったら？

植松　殺します。職員には、答えた人もいたし、答えられない人もいました。自分で判断しました。喋れる人は数名しかいないと思っていました。

弁護士　知っている人はいましたか？

植松　1人、刺した方で知ってる方もいます。

弁護士　犯行はどのくらいの時間でしたか？

植松　1時間くらいです。

弁護士　計画通りでしたか？

植松　ベストを尽くしました。

弁護士　あとでどんなことになると思いましたか？

植松　捕まると思いました。

1月24日
第8回公判　初めての被告人質問で語った
「幸せになるための七つの秩序」

弁護士　捕まっても、厳しい刑罰を受けてもいいからやると。
植松　そうです。自分の問題と障害者抹殺は別問題です。
弁護士　お金が欲しかったということですか。役に立つことをすれば金持ちになる権利があると。
植松　お金持ちになりたいと思いました。

逮捕され、警察署、拘置所で何かを考えたかと聞かれた植松は、「環境に対して何ができるか、どうすればいい社会になるか、その時その時考えてきました」と述べた。そうしてまた、持論を展開。人口が増えすぎているので全世界で「2人っ子政策」をすべき、「恋愛学」を義務教育で教えるべき、といったものだ。ちなみに恋愛学とは、恋愛は大切なものなのに何も教わっていないので基本的なことを教える義務があるというもの。内容は、束縛してはいけないとか、浮気されても自分に原因があるなど。
それ以外にも難民問題、幼児への性的虐待、人身売買、臓器売買などの言葉を羅列し（具体的な内容への言及はない）、「日本のこと?・」と弁護士に聞かれると「わかりません」と回答。また、日本には年間8万人の行方不明者がいるということをこの日幾度か強調し、話はまたしても大麻に戻った。大麻とコカイン、覚醒剤は性質がまったく違い、「麻薬」という字が「麻」という字だから大麻が誤解される、ひらがなで「ま薬」にすべき、という主張だ。
そうしてこの日の裁判の最後に述べたのは、被害者遺族に損害賠償請求をされたが彼らは間違っている、「お金や時間を奪っていることを考えないようにしているから客観的視点をもってほしい」「複数の重度障害者家族と会ったが、文句を言っている家族は精神が病んでいるなど。「もし自分に死刑判決が出ても、自分の両親は文句を言いません、仕方ないとわかっているからです」と述べたところで裁判は終わった。

45人を殺傷した自らが死刑判決を受けることと、寝ていて突然殺害された犠牲者を同列に並べて「うちの親は文句を言わない」などと比較するところに異様さを感じたが、植松被告はそのおかしさに気づいていないようだった。

しきりに汗を拭いていた植松被告。確かに法廷は暑かったが、汗の理由はそれだけではないように思えた。

被告人質問を受ける植松被告は、措置入院中にとった作戦のように、終始礼儀正しかった。弁護士から「これから○○のことについて聞きます」と言われるたびに「よろしくお願いします」と言い、汗をかいていることを「大丈夫ですか?」と聞かれると「大丈夫です、ありがとうございます」と頭を下げる。言葉使いも丁寧で、ハキハキとした喋り方は面接なんかでは好印象を与えるだろう。

そして何より印象づけられたのは、彼は有名人だったり権力者だったりと力を持つ人が大好きなんだということだった。世界各国の大統領などの名を口にして「立派な方」と絶賛し、ビル・ゲイツなど有名人には必ず「さん」をつける。

自意識過剰で、目立ちたがり屋で、有名人や権力者が大好きで、そういう人を崇めればおそらく一体化できると感じていて、イルミナティカードなんかの都市伝説が好きで、カッコ良くなりたくて、人生がうまくいってなくて何かで一発逆転したくて。そんな若者は、世界中に掃いて捨てるほどいる。が、何をどう間違ったのか、彼はトンデモない一線を踏み越えた。

この日の裁判は、16時5分、閉廷した。

参考……………ＹＡＨＯＯ！ニュース　２０１７／10／６相模原障害者殺傷事件
植松聖被告が初めて書いた獄中手記　篠田博之
https://news.yahoo.co.jp/byline/shinodahiroyuki/20171006-00076620/
ＨＵＦＦＰＯＳＴ　２０１６／７／26プーチン大統領が弔電送る
「障害者を狙った残忍さに動揺している」【相模原殺傷事件】
https://www.huffingtonpost.jp/2016/07/26/putin-send-a-telegram-of-condolence_n_11192974.html

1月/27日

第9回公判　やまゆり園で虐待はあったのか？「2、3年やればわかるよ」

この日、午前10時30分に始まった裁判を私が傍聴できたのは午後1時30分をすぎてからだった。

1時からの午後の法廷が始まってすぐ、これまで触れられてこなかった「施設」の問題について、おそらく初めて触れられた。

検察に「やまゆり園で驚いたことは」と聞かれ、植松被告は、「入浴の際、大の大人が裸で走りまわっていた」「自分で排泄できない人がこんなにもいる」「ひどい飯を食っている」などと述べている。また職員の入所者への対応について、「命令口調で、人として扱っていない」「流動食は流し込むようにしていた」「人に食事を与える様子ではない」と発言。

一方、入所者への暴力について聞かれると、「聞いたことはあります」。初めは「暴力は良くない」と思ったものの、職員に「2、3年やればわかるよ」と言われたという。2、3年経てば、暴力を振るう気持ちがお前にもわかるよ、ということだろう。それを受け、植松被告は食事を食べない入所者の鼻先を小突いたりするようになったという。

ここは、事件につながる大きなポイントだと思う。しかし、裁判全体を通して、「施設のあり方」という問題について触れられたのはこの部分くらいで、深く掘り下げられることはなかった。

1時35分、私がやっと法廷に入れた時にはこの話題はすでに終わっており、検察官による質問は別のテーマに変わっていた。

この日の裁判で興味深かったのは、検察の「(衆院議長への)手紙に『心神喪失による無罪』と書いてありますが？」という質問に対する植松被告の答えだ。

「提案として書いただけです。これで無罪になったらおかしな問題だと思ったので」

衆院議長に出した手紙には、最後の方に以下のようにある。

「作戦を実行するに私からいくつかのご要望がございます。

逮捕後の監禁は最長で2年までとし、その後は自由な人生を送らせてください。心神喪失による無罪。

新しい名前(伊黒崇)本籍、運転免許証等の生活に必要な書類。

美容整形による一般社会への擬態。

金銭的支援5億円。

これらを確約して頂ければと考えております」

これをそのまま読めば、どうしたって「心神喪失による無罪」を求めているように思えるが、それでは自分が「心失者」＝精神障害者ということになってしまう。それに気づき、「提案」ということにしたのだろうか。手紙を書いた時と現在とで、整合性がとれていない。このように、植松被告の犯行には「ツメの甘さ」もところどころ覗く。

検察の質問は続く。

検察　政府の許可が出ると思いましたか？
植松　それは二の次でした。
検察　実は政府には〝裏の顔〟があって、こっそり許可されると思いましたか？
植松　少しは思いました。
検察　国の反応が知りたかったんですか？
植松　それが措置入院だと思いました。
検察　国として許可しないことはわかりましたか？
植松　はい。でも役に立つことだし、気づいたからやろうと思いました。

13時55分に一旦休廷となり、14時30分に開廷。この法廷で、検察は突然「話は変わりますが、

本書をお買い求めの書店

本書をお買い求めになったきっかけ

本書をお読みになってのご意見・ご感想をご記入ください。

＊ご投稿いただいた感想は、宣伝・広告の目的で使用させていただくことがございます。あらかじめご了承ください。
＊太田出版公式HP（http://www.ohtabooks.com/）でもご意見を募集しております。

郵便はがき

お手数ですが
切手を
お貼りください

160-8792

184

東京都新宿区愛住町 22
第3山田ビル 4F

(株)太田出版
読者はがき係 行

お買い上げになった本のタイトル：

お名前　　性別　男・女　　年齢　　歳

ご住所　〒

お電話

e-mail

ご職業
1. 会社員　2. マスコミ関係者
3. 学生　4. 自営業
5. アルバイト　6. 公務員
7. 無職　8. その他（　　　）

記入していただいた個人情報は、アンケート収集ほか、太田出版からお客様宛ての情報発信に使わせていただきます。

太田出版からの情報を希望されない方は以下にチェックを入れてください。

□ 太田出版からの情報を希望しない。

暴力団と交流はありましたか？」と聞いた。
「ありません」と植松被告。

検察　暴力団に何か言われたことは？
植松　そういうことはないと思います。
検察　大麻やカジノを合法化するべきという主張をしていましたが、暴力団から狙われると思いましたか？
植松　狙われてもおかしくないと思いました。自分の考えがやっかいだからです。
検察　大麻は今、違法ですが、大麻が売れたお金はどこに行っていると思いますか？
植松　暴力団の資金源かもしれませんが、暴力団のおかげで大麻が吸えます。
検察　合法化したら、暴力団の資金源を奪うことになりますね。
植松　はい。
検察　カジノも同じですか？
植松　誰かわからないですが、合法化したら迷惑に思う人もいると思います。
検察　それで儲けている人から迷惑に思われる可能性があると。それに対して対策はしましたか？
植松　寝室に包丁を置いたくらいです。身体を鍛えたのも、そうかもしれません。

寝室に包丁を置くほどに、誰かに「狙われている」と思い込んでいた植松被告。これも重要な点だと思うが、これ以上掘り下げられることはなく、15時15分、閉廷。

この日の閉廷後、「津久井やまゆり園」の入倉かおる園長は、東京新聞の取材に対し、施設においての「暴力はない。流動食などの食事形態は医師の指示を受け、家族とも相談して決めている」と話している。

参考……東京新聞 TOKYO Web 2020／1／28 園での勤務経験が影響か
相模原殺傷公判 植松被告が主張
https://www.tokyo-np.co.jp/article/national/list/202001/CK2020012802000143.html

参考……『季刊 福祉労働』

1月／30日

植松被告と面会。「雨宮さんに聞きたいんですけど、処女じゃないですよね？」

傍聴すればするほど、わからなくなっていった。

彼が「正気」なのか、それとも「狂気」の中にいるのか。

それを確かめたくて裁判中の1月30日、私は『創』編集長の篠田博之氏とともに横浜拘置所を訪れた。

1月30日午前9時、私は横浜拘置所の面会室で植松被告と初めて向き合っていた。

20日の裁判で着ていたのと同じ青いフリースを着て、長い髪はやはり後ろで一つに結ばれている。法廷で見るよりリラックスした表情だ。

ともに面会したのは2人。植松被告の面会を長く続けている篠田さんと、以前も面会したことがあるジャーナリスト・Aさんだ。

「雨宮さん」と篠田さんが私を紹介すると、植松被告は会釈した。裁判に通っているので、認識されているだろうと思っていた。拘置所の植松被告が『創』の私の連載を読んでいるということも篠田さんから聞いていた。原稿の感想程度だが、メッセージをもらったこともあった。だけど私はこれまで、植松被告とは一切コンタクトしてこなかった。面会も、「一緒に行けば入れるよ」と言ってくれる人がいたものの遠慮していた。理由はただ一つ、怖かったから。だけど裁判が始まり、傍聴を重ねるにつれ、謎は深まっていった。

これまで4回の裁判を傍聴して思ったのは、「私が思っていたより、植松被告は深刻な精神状態にあったのではないか」ということだ。とにかく妄想がすさまじい。自分は救世主である、意思疎通できない者を殺せばトランプ大統領が絶賛してくれる、日本は滅びる、自分は選ばれた人間だ、等々。そして世界の出来事を予言するというイルミナティカードへの傾倒。その上、「障害者を殺す」ということを約50人に吹聴し、今度はそのことによって「こんなことを言っている自分が殺されるのでは」と怯えたと語る植松被告。

私が、そしておそらく世間が思っていた以上に、植松被告の精神は普通の状態ではなかったのでは？

それを確かめたかった。面会し、直接会話をすれば、どういう状態なのかわかる気がした。

面会では、まずAさんが初公判で指を噛み、翌日に本当に噛み切ったことに触れ、今はどうなっているか聞いた。

1月30日
植松被告と面会。「雨宮さんに聞きたいんですけど、
処女じゃないですよね？」

「縫合して、処置してもらいました。指は捨ててもらいました」と植松被告。

第一関節の先をぐじゃぐじゃに噛んだようだが、右手は白いミトンに覆われているのでそれを確認することはできない。

なぜ指を噛み切るようなことをしたのか。そう問われると、法廷で話す時のようにハキハキした声で言った。

「言葉だけの謝罪では、納得できませんでした」

以前、篠田さんに面会で言ったのと同じ台詞だった。が、その自傷行為は法廷を大混乱させ、「植松、暴れる」というニュースになっただけだった。

1月8日に始まった裁判だが、判決は3月なかばには出る。死刑判決が出る可能性があるが、死刑は受け入れるつもりがあるか問われると、「死刑は必要だと思います」。一般論として、制度としての死刑は必要という意味らしく、続けた。

「自分は死刑になるつもりはないけれど、死刑判決は出ると思います」

死刑になるつもりはないが受け入れるのか、という問いにはしっかりした口調で「はい」と答えた。

そうして話題は事件前日のことになる。植松被告は後輩女性Xさんとの「最後の晩餐」のあと、ホテルにデリヘルを呼んでいるのだが、そのことについて「なぜ」と問われた植松は、少し恥ずかしそうに口ごもると「せっかくなんで」と笑った。

「セックスしたかったから?」と問われると、照れたように笑って「いや、せっかくなんで」。「これで最後だと思ったから?」と聞かれ「いや、最後にするつもりはないけど、せっかくなんで」。事件前日、Xさんと食事したことについても「せっかくなんで」。

また、トランプ大統領を絶賛したり、事件前、衆院議長だけでなく安倍首相にも手紙を出していることを問われ、「2人を随分持ち上げているようだが」と言われると、「頑張ってるからです。社会のために」と支持の理由を述べた。

自分の価値観と同じということ?と聞かれると、「いやいや、それはおこがましいです」と恐縮し、「尊敬してます」と付け加えた。有名人や権力者には、やはりこうして会話で名前が出るだけでも「畏れ多い」という態度を崩さない。

また、27日の法廷で、衆院議長に「自分は障害者を殺せる」という手紙を出したことで措置入院となったことについて、それが「政府の反応」(政府からの回答)だと思ったと述べたのだが、そのことについて「政府に拒否されたと思ったの?」と聞かれると、「でも、外に出れたので(退院できたので)。やるなら一人でやれ、ということなのかなと思いました。一人でやればいいんだと」と答えた。

「今でも自分のやったことは正しいと思ってるの?」

ここでAさんが本質に迫る質問をした。植松被告は背筋をスッと伸ばし、「自分の考えは、正しいと思います」と主張した。「やり方には問題あったかもしれませんが」。

1月30日
植松被告と面会。「雨宮さんに聞きたいんですけど、処女じゃないですよね？」

そこでまた衆院議長に出した手紙についての話題になると「あれは恥ずかしい」と植松被告は本当に恥ずかしそうに笑った。一瞬、「障害者を殺せる」などのトンデモない主張をした自分が恥ずかしい、ということかと思ったが、「文章が荒っぽい」。文体の稚拙さを恥じているのだった。

そんな手紙で植松被告は「革命」という言葉を使っている。なぜその言葉を使ったのか聞かれると、「社会の常識を変えるのは革命だと思いました」。

Aさんは質問を続ける。

Aさん　人間が生きてる意味ってなんだと思う？
植松　幸せになりたい、楽しみたいということだと思います。
Aさん　それを一方的に奪っていいと思っているのか？
植松　彼らには楽しむ権利はありません。
Aさん　障害者はいらないというのは間違ってる。
植松　それこそ間違ってる。不幸な人がいっぱいいるのに涎を垂らしているような人が生きているのがおかしい。反発したい気持ちはわかるけど、不幸な人がたくさんいるんだから。

植松被告は、Aさんが中東取材の経験があることを引き合いに出し、「イランとか行ってるならわかるはずですよね? 実際に戦争に行ってないからわかんないんですか? そういう発言は甘いですよ」とまくし立てた。年上の著名なジャーナリストであるAさんに、植松被告が「考えが甘い」と説教する。

少し感情的になった植松被告は、そこで呆れたように言った。

「もう、大麻吸ってもらわないと話にならない……」

大麻の経験がある人でないと、自分の話を理解できるはずがない、という意味のようだ。ちょっと嫌な沈黙が面会室を支配する。が、気を取り直して、植松被告にずっと聞きたかったことを聞いてみた。それは財政問題について。日本は借金だらけで財政破綻寸前だから全員を生かしておくことなんかできない、と植松被告は主張しているが、それはいつ頃から思い始めたのか、何を見て知ったのか、ということだ。

「お金がほしいと思っていろいろ調べてたら、その時、中国の景気が悪いということで、そんな話をしたら、友達から『日本はもっとヤバい』って聞いて知りました」

14~15年頃だという。

また、脱法ハーブについても聞いてみた。

植松被告の弁護側は「大麻精神病」などで心神喪失だったという主張をしている。が、専門家の中には、大麻でそれほど重篤な障害が起きることを否定する声も多い。一方で、裁判を傍聴していて気になったのは「脱法ハーブ」だ。大麻を吸うようになる前、21~24歳頃まで吸ってい

1月30日
植松被告と面会。「雨宮さんに聞きたいんですけど、
処女じゃないですよね？」

たという。それは彼にとって「最悪」で「バカになってる実感があった」「呂律が回らなくなったり計算ができなくなった」と強烈な作用があったようだ。ちなみに植松被告はそんな脱法ハーブが社会問題化したことによって脱法ハーブはやめて大麻を吸うようになったという経歴を持っている。そして脱法ハーブは「危険ドラッグ」と呼ばれるようになったのだが、脱法ハーブの恐ろしさが世間に広く知られるようになったきっかけの一つに「しぇしぇしぇのしぇ」事件がある。

14年12月、32歳の男が自宅アパートの隣室女性をナイフで切りつけた事件だ。現場に駆けつけた警察官に「俺が刺したんだよ〜」と口にし、送検時には満面の笑顔で報道陣にピースサイン。取り調べでも「しぇしぇしぇのしぇー」と繰り返すなどして話題となった。これ以外にも、14年には脱法ハーブを吸った男の車が暴走、歩行者1名を死亡させ7人に怪我を負わせた事件や、同じく脱法ハーブを吸った状態で車を運転して2人に怪我を負わせた事件が起きている。東京都福祉保健局のサイトによると、脱法ハーブ＝危険ドラッグには、規制されている薬物や覚せい剤の構造を少しだけ変えた物質が含まれており、身体への影響は麻薬や覚せい剤と変わらないどころかより危険な成分が含まれていることもあるという。

「しぇしぇしぇのしぇ」事件の頃、私も知人から「脱法ハーブを吸った友人が錯乱した」「突然奇声を上げて暴れて警察沙汰になった」などの話を耳にすることがあった。脱法ハーブという無害そうな名前のわりにそんなに恐ろしいものなのかと驚いた記憶がある。それからほどなくし

て、それらは「危険ドラッグ」に名前を変えた。

そんなものを、植松被告は約3年間に渡り摂取していたのである。それがどのような影響をもたらすのか、あるいはまったく無関係なのかはわからない。事件を起こしたのは、脱法ハーブをやめてからすでに2年以上が経過している。しかしこの日、私は聞いてみた。

「脱法ハーブを吸っていた時期が長いですが、あの薬物の成分はすごく危険だと聞いています。脳が壊れる感覚はありましたか」

「ありました。脳が死んだ感じ。でも、脱法ハーブのおかげで大麻と会えたからよかったです」

それから話は両親の話題になった。両親は傍聴には来ていないという。

「来てません。来て欲しくありません」

そう言うと、続けた。

「面倒をかけたくない。迷惑かけたくないんで。生みの親より育ての親と思ってるんで。親よりも、周りの人に育ててもらったと思っています」

希薄な関係だったのだろうか。それとも、両親を庇っているのだろうか。

30分の面接時間もそろそろ終わりに近づいていた。

「障害者は生かす理由がないと言うが、あなたは選ばれた人間なのか」

Aさんが問うと、植松被告は言った。

「起業家の話を聞くと、自分で言い続けることが大事だといいます。そういう効果がありまし

1月30日
植松被告と面会。「雨宮さんに聞きたいんですけど、
処女じゃないですよね？」

た。自分は選ばれた人間だと言い続けていたら、選ばれた人間になれるかもしれない」

成功のためには自己暗示が必要、というようなよく聞く自己啓発だが、植松被告はそのような「よく聞く自己啓発」が大好物だ。そして彼の場合、その自己暗示は他の誰よりも強烈である。1月24日の裁判で、彼は「障害者を殺す」といろいろな人に吹聴しているうちに「殺す世界に入ってた」と述べた。自分で言っているうちに、その世界に入ってしまっていたというのだ。

そうして、続けた。

「だって、UFOとか見ちゃってるんで」

自信満々な口調で、面会室のガラス越しにまっすぐ目を見て、言った。

言葉を失っていると、植松被告が突然私の名前を口にした。

「雨宮さんに聞きたいんですけど」と言うと、彼はあまりにその場にそぐわない質問をした。

「処女じゃないですよね？」

え……？　突然の質問に驚いてフリーズしつつも、「はい」と答えたと思う。今まで生きてきて、初対面の人にこんな質問をされるのは初めてだ。しかも45歳だというのに……。動揺したのか、「処凛」という名前に「処」という字が入っているからそんな質問をしたのか、などと口にした気がする。が、植松被告はそれには答えず、「日本はもっと気軽にセックスした方がいい」と言い始めた。

このように、植松被告の話はあちこちに飛ぶ。そして特徴は、一問一答なことだ。被告人質問でも、一問一答なので続かない。面会も、こちらが時間を気にしてあれこれ話題をふるからというのもあるだろうが、ほとんど一言で答える。考え込んだり言いよどんだりということがほとんどない(法廷では多少あった)。そのような作法も、「デキる男」とかの自己啓発本に書いてありそうだ。ハキハキして、迷わず即断、即決。時短で効率的で合理的な「デキる」人間の作法。そういえば、植松被告は法廷で、私が見た限り「言い訳」をしていない。

さて、そろそろ退室しないといけない時間だ。最後に音楽の話になると、植松被告は好きなアーティストとして「ブルーハーツときゃりーぱみゅぱみゅです」と答えた。きゃりーぱみゅぱみゅ。意外な好みに驚いていると、「きゃりーぱみゅぱみゅはイルミナティなんで」とちょっと誇らしげな顔をする。「ブルーハーツは?」と聞くと「ブルーハーツは、カッコいいんで」とニコっと笑ったところで面会は終わった。

この原稿を書いているのは、面会当日の夜。今もまだ、この面会について、自分の中で整理しきれていない。ただ、面会のあと、「裁判を見て思ったよりおかしいと思ったように、今日、面会して、思ったより普通だと思った」と、篠田さんに話していた。法廷よりも、随分とマトモな感じに見えた。

だけどそれは、法廷では自分を正当化する発言ばかり繰り返していて、面会では事件以外の

1月30日
植松被告と面会。「雨宮さんに聞きたいんですけど、
処女じゃないですよね？」

話題にも触れるからだろう。話していると、狂気と普通さが順繰りに現れた。あまりにも、ナチュラルに。そのたびに、ひたすら混乱した。

同時に、「あなたは間違っている」などと言われると、植松被告がスッと感情に蓋をするのがわかった。先回りして、批判されそうな発言をする際に前もってやっているとわかる時もあった。姿勢を正し、妙に丁寧な物言いになる時、「あ、今、心を完全に閉ざしてるな」とわかるのだ。そんな時、目の前にいる植松被告がサーッと遠ざかるような、半透明のカーテンが下りるような感覚になった。

それほどわかりやすく心を閉ざす人を、私は初めて見た。そしてそれは何か、年季の入ったやり方にも見えた。もしかしたら、事件後とかじゃなくて、子どもの頃から植松被告は何かあるとこんなふうにスッと感情に蓋をしていたのではないか。わからないけど、ふと思った。

そんな面会で、私は何度も気分が悪くなりそうになった。この人があの事件を起こしたのだ。そう思うと、貧血のような、過呼吸の前兆のようなものが幾度も襲ってきて、面会の最後までこの場にいられるか、不安だった。

裁判は、2月5日からまた始まる。

初出……………Buzz Feed 2020／1／31「雨宮さんに聞きたいんですけど、処女じゃないですよね？」植松被告は面会室で唐突に言った

https://www.buzzfeed.com/jp/karinamamiya/amamiya-vs-uematsu?utm_source=dynamic&utm_campaign=bfsharetwitter

2月/5日

第10回公判
遺族、被害者家族からの被告人質問

この日は被害者参加制度を利用して、遺族、被害者家族が植松被告に直接質問をする日だ。法廷で植松被告と向き合ったのは、姉（甲Eさん・当時60歳）を殺害された男性。そして事件で大怪我を負った尾野一矢さん（46歳）の父親・尾野剛志さん（76歳）。

いつもと同じ黒いジャケット姿の植松被告が証言台に立つと、検察側の席に座っていた男性が立ち上がった。傍聴席からも植松被告からも、はっきりと顔が見える。甲Eさんの弟だった。男性と植松被告は、ほぼ向かい合うような格好だ。「植松聖さん」。男性は、すべての質問の冒頭で彼の名前を呼び、優しく語りかけるように質問していった。

甲Eさん弟から植松被告への質問

男性　植松聖さん、弁護士から、普通でない精神状態とありました。しかし、16年7月26日以来、私は狂乱状態が続いています。植松さんには面会に行って、ひどいこと言って改めてごめんなさい。この裁判、僕は切ない裁判だと思ってます。どうですか?

植松　そう思います。

男性　匿名をお願いしたのは私です。匿名についてどう思いますか?

植松　障害者の家族と思われたくない……。(大きな声で)仕方がないと思います。

男性　(傍聴席に)白い壁があることについてはどう思いますか?

植松　仕方がないと思います。

男性　世の中はこの裁判にいろいろな答えを求めていると思いますが、どういうことを想像していますか?

植松　……どういうこと? 難しい質問でパッと答えられない……。

男性　植松聖さん、事件当日について聞きます。自首しましたが、その日、何を考えていましたか?

植松　……えー、疲れました。その時は一心不乱なので、その日はとにかく疲れました。

男性　そんな中でどんなことを考えていましたか?

植松　亡くなられた方に申し訳なく思います。

男性　私は放心状態でした。夜、安らかな寝顔を見て涙が止まりませんでした(と、顔をおさえる)。今でもはっきりと覚えています。(調書に、刺されて起き上がったという記述があったことに触れ)裁判は残酷だと思う。甲Eのあの時の状況を教えてください。

植松　申し訳ありませんが、細かく死に様は覚えていません。
男性　起き上がったと調書にはあったが、記憶には。
植松　ありません。
男性　姉は年をとっていて、普段ゆっくりしか歩けません。いきなり刺されて起き上がったのは……。
植松　その調書、わかりません。
男性　何回刺しましたか。
植松　たぶん3回以上です。
男性　どうしてですか？
植松　意思疎通のとれない方は、社会にとって迷惑になっていると思ったからです。
男性　なぜ殺さなければいけなかったんですか？
植松　迷惑になっていると。殺した方が社会の役に立つと思ったからです。
男性　植松聖さん、今の気持ちはどうですか？　僕はすごく緊張しています。
植松　ご遺族の方と話すのは心苦しいです。
男性　お年寄り、女性、子どもは助けなければいけないと思います。今回の事件は、ただの弱いものいじめに思えます。
植松　申し訳ありません。そうじゃありません。

男性　弱い人を寝ている時に刺すのは、あまりにもひどい。
植松　仕方ないと思っています。
男性　嫌な質問ですが、今、改めて何を考えていますか。例えば怒ってるとか。
植松　ご迷惑おかけして申し訳ありません。
男性　植松聖さん、大切な人は誰ですか？
植松　大切な人は、いい人です。

ひときわ大きな声で言った。「大切な人は」と聞かれると、多くの人は具体的な人の顔や名前が浮かぶのではないだろうか。お母さん、とか恋人の「○○」とか、自分の子どもの「○○」とか、とにかく個別具体的な「誰か」。しかし、それに「いい人」と答えた植松被告。またしても奇妙な「ズレ」を感じた。

男性　植松聖さん、趣味、楽しみはなんですか？
植松　趣味は、大麻です。
男性　幸せや、安らぎを感じる時はどんな時ですか？
植松　大麻を吸って仲の良い人たちと一緒に過ごすことです。
男性　私の姉を殺してどう思いましたか？

植松　誠に申し訳ないと思います。
男性　植松さんは自分の言動に責任を持つ人ですか？
植松　はい。
男性　最近、いつ涙を流しましたか？
植松　（答えずに少し笑う）
男性　自分を大切にしてますか？
植松　はい。
男性　自分を好きですか？
植松　あー……、今の自分はそれなりに。
男性　この日本が好きですか？
植松　……間違ってるところもあるけど、いい国だと思います。
男性　よく死を口にしますが、あなたにとって死とはいったいなんですか？
植松　死は、仕方がないことです。
男性　人には死が平等に訪れる。あまりに軽く考えているのではないですか？
植松　軽く考えているつもりはありません。
男性　やまゆり園にどうして入ったんですか？
植松　たまたまです。

男性　(衆院議長に)手紙を書きましたね。そこまで不満があるなら、どうしてその前に(仕事を)辞めなかったんですか？

植松　気がついたからです。彼らが、いない方がいいと。

男性　仕事をしていて不満を持つのはわかりますが、

植松　(相手が言い終わらないうちに突然声を大きくして)やまゆり園に不満があったわけではありません。施設の中ではいい施設だと思っています。

男性　やまゆり園を辞めればよかったのではないですか？

植松　重度障害者のあり方がおかしいと思いました。

男性　(あなたの)コンプレックスが引き起こしたのではないですか？

植松　あー、確かに……。えー、こんなことしないでいい社会……、えー(苦笑)……(動揺している様子)

男性　大丈夫。時間はあるからゆっくりでいいですよ(ひときわ優しい口調で)。

植松　えー、歌手とか、野球選手とかになれるなら、なってると思います。自分がなれる中で一番有意義だと思いました。

男性　野球選手と全然違います。

植松　なれるならそっちになります。

男性　さっき、責任能力があると言いましたが、責任能力とはどういうことですか？

植松　意思疎通がとれることだと思います。
男性　最後の質問です。植松聖さん、甲Eを殺して、どのように責任をとってくれますか？
植松　繰り返しになりますが、長年育ててきたお母さんのことを考えるといたたまれない気持ちになります。
男性　母は20年前に死んでいます。私が姉を見守ってきました。
植松　それでも、重度障害者を育てることは間違っていると思います。
男性　何か切なくなってきました。終わります。

尾野剛志さんから植松被告への質問

次に質問に立ったのは、事件直後から息子の一矢さん（事件で重傷を負った）、妻ともども実名で多くのメディアに登場し、発信を続けている尾野剛志さんだ。15年まで17年間、やまゆり園家族会の会長を務めた人でもある。
尾野さんも、植松被告の顔をまっすぐ見て質問を始めた。

尾野　私のこと、知ってますか？
植松　はい。メディアに出てるのを拝見しました。

尾野　それだけですか？
植松　やまゆりの元家族会の話を伺いました。
尾野　あなたは今、僕と対峙していますが、今、幸せですか？
植松　今？　幸せではありません。あー、どうだろう。
尾野　それはなぜですか？
植松　面倒だからです。……今のはちょっと失礼だな。不自由だからです。
尾野　意思疎通のとれない人は不幸を生み出すという考えで犯行をしたということですが、なぜそう思いましたか？
植松　お金と時間を奪っていると思いました。
尾野　やまゆりに勤務する時、友人の紹介ということでしたが。
植松　紹介というか、こういう仕事あるよ、と。
尾野　あなたが勤務して、園の体育館で初々しい自己紹介をしたのを聞いています。「障害者はかわいい」と言っていたと。その時はそう思ったんですか？
植松　そう思った方が仕事がしやすいからかもしれません。
尾野　本当はそう思ってなかった？
植松　そう思い込んだということです。
尾野　時間を空けて、障害者は必要ないと言い出しますが、変わったのはなぜですか？

植松　彼らを世話している場合ではないと思いました。社会には不幸な人はたくさんいるし、日本もそれどころではないと。
尾野　心失者というが、安楽死させても罪にならないと。どういうこと？
植松　それが正しい考えと思ったからです。
尾野　どんなに障害があっても、意思疎通できない人は一人もいないのでは？
植松　そうは思いません。
尾野　重度の人を支援するやまゆりに勤務して接してて、意思疎通をとろうと努力したことはありますか？
植松　あります。
尾野　どういう時？
植松　どういう時、どういう時、どういう時……。
尾野　例えば突飛な行動した時とか、どんな場面の時、意思疎通をはかろうとしたのか。
植松　普段から意思疎通とれるようにしているので、完全に理解できない方もいるなと。
尾野　初公判の日、みなさまにお詫びしますと言ったが、誰のことですか。
植松　みなさまです。亡くなられた方、家族、自分のせいで迷惑をかけたすべての人。
尾野　今日も変わりませんか。もう一度、謝罪してほしい。
植松　誠に申し訳ありませんでした。

植松被告は、厳粛な口ぶりで言った。

尾野　……受け止めます。が、あなたが行なった犯罪は、社会は受け止められません。被害者も。絶対に許すことはできません。

植松　仕方ないと思います。

尾野　子どもの頃、友達とどんな遊びをしましたか？

植松　海に行ったり、山に行ったりしました。

尾野　両親とはどんなところに行きましたか？

植松　申し訳ありませんが、特に言う必要はないと思います。

尾野　友人については、どんなふうに考えていますか？

植松　（事件を）止めてくれた方々のことを裏切ったと言えるので申し訳なく思っています。

尾野　障害者家族は、綺麗事だけで生活してるわけじゃない。それでもその中で、小さな喜びを感じています。それを奪ったことについてどう思いますか？

植松　同じことですが、長年育てた母親のことを思うといたたまれません。

尾野　なぜ、もっと早くに謝罪の言葉を言って頂けなかったんですか。

植松　記者の方に言いました。拘置所に入って、最初に謝罪を伝えています。

尾野　僕らは知りません。
植松　記事になってると思います。
尾野　改めて謝罪がありましたが、もっと最初にきちんと伝えてもらっていれば、あなたを見る目が変わったかもしれません。質問終わります。

この日、植松被告は面と向かって尾野さんに謝罪したわけだが、その後の言動で台無しにしていることが印象的だった。「もう謝ったのに」「記者に言ったのに」というような言い方は、遺族や被害者家族の気持ちを逆撫でするに決まっているのに、やはりそこが計算できないのが植松被告なのだろう。この頃になると、「またか……」と思うようになっていた。

午前の法廷は、11時10分で閉廷。午後は13時15分に開廷。

法廷が『やれたかも委員会』に

午後は、6人の裁判員からの質問があった。裁判員制度で選ばれた裁判員たちだ。
1人目の裁判員からは、後輩女性Xさんとの「最後の晩餐」について質問された。焼肉屋での食事の席で、植松被告は「昔の自分は嫌いだったけど、今の自分は好き」と言ったそうだ。

いてだ。

「昔の自分のどこが嫌いだったんですか」と聞かれた植松被告は、その質問に答えず、「少し下世話ですが」と前置きして、突然Xさんについて話し始めた。彼女が植松被告と食事中、「さとくんもう手遅れ」「頭おかしいのが度を超えてる」などと別の友人にLINEしていたことについてだ。

「LINEのやりとりではボロクソに言われてますけど、（Xさんとは）仲がいい時もあって、泊まりに来たこともあります。普通は何かしますが、何もできませんでした。その時の自分では、満足させる自信がなかったからです」

突然の、事件とは全く関係のない告白だった。この日、午後の法廷が終わって知り合いの記者たちと顔を合わせた瞬間、この話題になった。

「Xさんが泊まりに来たけど何もしなかったって……」

「裁判で言うことか？」

「どうしても、自分は嫌われてなかったって主張したかったのか？」

「『やれたかも委員会』じゃないんだから……」

記者の言葉に、思わずみんなが笑った。ちなみに『やれたかも委員会』とは、同名の漫画。「あの時、もしかしたらあの女性とやれていたかもしれない」という思い出を持つ男性がその経緯を独白し、それを聞いた「やれたかも委員会」メンバーが「やれた」「やれたとは言えない」と判定するという内容だ。植松被告の言動は、法廷でその漫画のシーンを再現しているような滑稽さがあった。

　ちなみにこの「最後の晩餐」の後、植松被告はホテルにデリヘルを呼んでいることは前述した通りだが、その女性に「僕のこと忘れないでね」と言ったという。裁判員にそれを「覚えてますか？」と言われ、「覚えてない。恥ずかしいことを言ったと思います……」と小さな声で言った。

裁判員からの質問

　結局、この日の午後の法廷では、6人の裁判員からの質問があり、次いで補助裁判員からの質問読み上げ、裁判官からの質問もあった。その内容は多岐に渡った。

　2人目の裁判員が聞いたのは、自販機の飲み物を補充する仕事を辞めた理由。植松被告は「仕事が大変と言ったらアレですけど、下請けの仕事は割に合ってないなと思いました」「下請けはどんどん搾取されます」と回答。

　また、やまゆり園を辞めた後の植松被告はジムに行き、大麻を吸い、美容外科に行くなどしていたのだが、その頃の収入は生活保護や雇用保険。「生活に困窮するのではという不安はありませんでしたか？」という問いには、「事件を起こすつもりだったので不安はありませんでした」と答えている。

　気になったのは、3人目の裁判員の「あなたの部屋に黒い紙が貼られているが、あれはなんですか?」という質問だ。植松被告は「友人が遊びに来ると騒がしいので防音シートを貼りました」。

「黒い紙」についてはこの日、裁判官も「黒い防音シートに白い線が描かれているが」と聞いている。これには「友人と落書きした。部屋に絵を描いたらカッコいいなと思っただけで、何か見ながら書いたかもしれません」。

植松被告のこの「黒い部屋」については、結審の日、弁護士が「幻聴や盗聴を遮るためのものだったのではないか」と指摘している。なんでも植松被告は面会した精神科医に、「ウザいキモい」と幻聴が聞こえると述べていたらしい。植松被告の弁護士は、結審の日、言った。

「詐病ではないかと思うでしょうが、被告は正常と見られたがっています。被告の部屋には黒いものが一面に貼られていました。防音シートと被告は言いますが、幻聴があり、また『盗聴器がある』と思っていたと考えると理解できます」

植松被告は、幻聴を遮るために、また部屋に盗聴器がつけられているという妄想があったために、部屋を黒いもので覆っていたのだろうか。絵は、何か儀式めいたものだったのだろうか。が、この部分は最後までこれ以上掘り下げられることはなかった。

質問に戻ろう。

「日本で安楽死が合法化されていたら、この犯行をしましたか?」と問われると、「していないと思います。わかりません」。

「自分が政治家になって、安楽死を合法化しようとは思いませんでしたか?」という問いには「時間がかかりすぎると思いました」。

また、「入所者の家族は、職員の悪口を言っていましたか?」と聞かれると、「新人で入った時、聞きました」。それは事件に影響したかと問われ、「のんきだと思いました」。「(入所者の)家族からの感謝の言葉はありましたか?」と聞かれると、「『若いのに偉いね』と言われたけど、何が偉いのかと思いました」と、憮然とした口調で言った。

6人目の裁判員は、痛いところを突いた。

「働くことが重要と言っていましたが、生活保護を受けて働いていないことについてはどう思いましたか?」

植松被告は動じる様子もなく、「恐縮ですが、社会見学と事件の準備だと思っていました」

この裁判員は、植松被告が最初の被害者から最後の被害者まで、全部で100回以上刺していることにも触れ、「最初に刺した時、何を感じたか」と聞いた。

「必死でしたので。何か考えてる感じじゃない」

施設に勤めていなくても事件を起こしていたかという質問には、「気づいてなかったと思いますが、やまゆり園が悪かったわけではない」。

この後、補助裁判員の質問が裁判長から読み上げられ、植松が答えていった。

裁判長　「世の中に出てきちゃいけない存在」と友人から言われているが。
植松　裏切ったと言えるので仕方ない。でも、その後、面会に来て励ましてくれた。
裁判長　仮定の話として、同じ状況だったらまたやりますか？
植松　もう二度とこのような事件は起こさない。自分の考えを、十分に伝えられたから。
裁判長　捕まる恐怖心は？
植松　ありました。捕まったら楽しいことできなくなってしまうという恐怖心。
裁判長　革命を起こすと言っていたが、成功すると思っていましたか？
植松　正しい信念を持つことで、皆様の力を頂き、いい考えを思いつくことができたと思います。
裁判長　成功すると思ったと。
植松　自分の考えは間違っていないと思っています。
裁判長　世界情勢に問題がなく、お金と時間の問題がクリアされていたら事件は起こさなかったですか？
植松　その通りです。
裁判長　自分のしたことは正しいことだと思っていますか？
植松　事件を起こしたことが正しいかはわかりませんが、考えは正しいと思います。
裁判長　今日、謝罪しましたが、それは悪いと思ったからですか？

植松　そういうことです。

考えは正しいが、やったことは正しいかはわからない。そして「悪い」と思っている。法廷で、植松被告がそう認めたのは初めてではないだろうか？

また、事件前日、植松被告は都内に二度も行くなど謎の行動を取っているのだが、このことについて聞かれると、言った。

「自分でも事件を起こすのは普通の精神状態ではできないので、寝ずにおかしくしていました。24日から26日（事件の日）まで、ほとんど寝てません。漫画喫茶で少し仮眠とったくらいで」

漫画喫茶では、ノートを書いたという。おそらく「新日本秩序」だろう。

また、「障害者はかわいい」と言っていたことについて、年配の人に対しても「かわいい」と思ったことがあるのかと聞かれ、「ある」と答えた植松被告は、思い出し笑いを噛み殺しながら言った。

「ズボンの上にパンツを履いたりとか。何やってんだと」

本当に、おかしそうに笑う植松被告が不気味だった。入所者が間違えてズボンの上にパンツを履くことがそれほどおかしいだろうか？　法廷で笑いを堪える植松被告は、あまりにも幼稚に思えた。笑いのレベルが小学校低学年レベルというか、あまりにも稚拙である。

そしてこの日、印象に残ったのは、「共生社会」という言葉だ。

事件を起こしたことで、社会はあなたの考えるようになったか、と問われた植松被告は「キョウセイ社会に傾いたので、やっぱり無理だよね、となればいいと思います」と言った。

キョウセイ社会？　共に生きる、ですか？　と裁判官が確認したほどに、その言葉は植松被告にそぐわなかった。が、翌日の裁判でも、この言葉は登場した。

14時、閉廷。

ぞろぞろと退席していく傍聴人や記者たちに対して、突然、植松被告は大きな声を張り上げた。

「記者の方々、面会できず、申し訳ありません！」

そうして深々と頭を下げた。

この頃、面会受付が始まる午前8時半の横浜拘置所待合室には連日、植松被告と面会を求める記者たちが多く訪れていた。が、一日に面会できるのは1組3人まで。そのため、朝一に面会を申し入れ、植松被告がその中から会ってもいい3人を選ぶというやり方で面会が行われていたのだ（私が面会した日も、他の記者たちがすでに待合室にいた）。中には植松被告と電報などをやりとりして会う日時を決めている記者もいたが、その状況は、まるで人気アーティストと会える権利をめぐるファンの争奪戦のようにも見えた。

連日、「自分と会う」ために多くの記者が朝一で面会に来ることは、確実に植松被告の自尊心をくすぐっていただろう。ちなみに私が面会した日は、別の記者との約束があったのにこちらを優先してくれたそうで、植松被告は帰り際、「○○新聞の○○さんに謝っといてください！もう3回連続で断っちゃってるんですよ～」と本当に申し訳なさそうな顔で篠田さんに言付けていた。

すべての人に対応しきれないことに、彼なりに「心苦しさ」を感じていたのだろう。それがこの日の閉廷間際の謝罪になったのだと思うが、その声は、白い遮蔽板で覆われた傍聴席の遺族や被害者家族にも当然、聞こえる。謝罪の優先順位が違うのでは、と思ったのは私だけではないはずだ。

2月／6日

第11回公判　これまでのストーリーが覆る。「障害者はいらない」という作文

「あなたは小学生の時、『障害者はいらない』という作文を書いてますね？」

法廷で、被害者代理人の弁護士に聞かれた植松被告は「はい」と言った。

その瞬間、これまでの傍聴で培ってきた「植松聖」像がガラガラと崩れる音がした。それは、法廷で初めて語られた事実だった。今までの裁判での友人たちの供述は、「事件前年までは普通だった」「小中学校の同級生も彼から一度も障害者を差別するような言葉を聞いたことがない」「小中学校の時、障害がある生徒を同級生として受け入れていた」というものだったからだ。

この日の裁判では、被害者参加制度に基づき、遺族や被害者家族の代理人弁護士たちによって植松被告に質問がなされた。

質問では、まず犯行について触れられた。

「被害者を刺している時、痛そう、苦しそうと思いましたか？」という質問には、「そういうの見たくなかった」。

「なんでそんなことするの？　心があるんだよ！」と叫んだ女性職員を見た時の気持ちを聞かれると、「いい人なんだなと思いました」「嫌な気持ちになりました。泣いて止められるから」が、やめようとは思わず、「乗り越えて頑張って継続しました」。
　幼少期のことや進路についても触れられた。

親との関係

弁護士　高校は調理科に行きましたがなぜですか？
植　松　手に職をつけようと思いました。料理を作るのが楽しそうだと。
弁護士　大学進学にあたり両親と話しましたか？
植　松　教員を目指そうと思うと言いました。両親は「いいんじゃない」と。
弁護士　目指すのをやめたのはなぜですか？
植　松　教育実習を終えて大変だと思ったからです。自分にはその資格がないと思いました。子どもに関わるから負担が大きい。

　そこから話題は、両親のことになっていく。13年末、両親はそれまで植松被告と3人で暮らしていた相模原市緑区千木良《ちぎら》の一軒家を出た。千木良は交通の便が悪いので、もう少し暮らやすいところ（八王子）に行くという理由だったという。植松被告が千木良に残ったのは、仕事（やまゆり園）が近いから。が、一生続ける気はなかったという。

衆院議長公邸に手紙を持参して受け取ってもらった日、植松被告は八王子の両親のマンションに行き、イルミナティの話や「障害者を安楽死させるべき」などと話している。両親は、「周りに迷惑をかける」「悲しむ人がたくさんいる」と止めたそうだ。

3月2日、措置入院から退院した際には、親に「部屋が空いてるから来ても大丈夫」と言われている。が、植松被告の答えは「大丈夫」。また、退院の際、病院からはこれから通院するように言われていたのだが、3月に2度行っただけで通院は中断されている。

なぜ、措置入院までした人物がすぐに通院をやめてしまったことが問題とならなかったのか？ 事件後には行政のあり方も批判を浴びたが、植松被告は退院後、八王子の両親のもとに行くと言っていた。自治体を超えて情報は共有されていなかった上、八王子に行かず相模原にいたことも把握されていなかったのだ。退院後は相模原市で生活保護申請をしたものの、措置入院の担当部署には伝わっていなかった。

こうして、退院後の植松被告は、支援もフォローアップ体制もなく、なんの制約も受けずに過ごしていた。

質問は、親との関係に移っていく。

2月6日
第11回公判　これまでのストーリーが覆る。
「障害者はいらない」という作文

弁護士　自分は愛されて、大切にされて育ったと思いますか？

植松　比較的、いろいろ手をかけて頂いたと思います。学習塾、部活動、不自由なく生活させてもらいました。

弁護士　あなたが誰かに刺し殺されたら、両親はどう思うか考えたことは？

植松　ありません。

弁護士　想像してみてください。

植松　悲しむと思います。

弁護士　遺族が辛い思いをするとわかってやったのですか？

植松　そうです。

弁護士　留置場や拘置所に、両親は何回、面会に来ましたか？

植松　10回以上来ました。

弁護士　どんな話をしていますか？

植松　初めは謝罪しました。事件のことは今は話さない。初めの頃は、涙もろくなったりしました。

弁護士　「大切な人は〝いい人〟」と言いましたが、いい人とはどういう人ですか？

植松　理性的で良心がある人です。

弁護士　両親はいい人にあたる？

植松　あー、自分にとっては、いい人。

弁護士　いい人が障害者になったら殺しますか？

植松　自分で死ぬべきだと思います。

弁護士　自殺すべきということですか？

植松　そうなったらおしまい。安楽死させられても仕方ないと思います。

弁護士　あなたが父母に手を下すんですか？

植松　家族任せは心理的負担が大きいので、医者がすべきだと思います。

弁護士　あなた自身が重度障害者になったら甘んじて受け入れますか？

植松　はい。

11時20分、午前の法廷は終わり。
13時、開廷。
次の代理人弁護士には、安楽死について聞かれた。

弁護士　昨日、自分の考えは正しいけど、やったことは正しかったかわからないと言いましたが自分の考えは？

植松　意思疎通のとれない人は安楽死させるべきです。
弁護士　安楽死というが、どうやって命を終わらせるのですか？
植松　薬剤や、二酸化炭素？　あー、なるべく苦しまない方法で。
弁護士　刃物で刺すのは入らない？
植松　はい。
弁護士　やったことが正しいかわからないというのは？
植松　突然命を奪っているから。刃物による殺傷だからです。

前日、自分のやったことは正しいかわからない、という発言を聞いて、事件そのものを悔いているのかと思ったら、「刃物で刺すのは安楽死じゃないから」正しくないということらしい。苦痛なく殺していれば「正しかった」ということなのか。

弁護士はここで「話変えます」と話題を変え、「世界を平和にするために行ったということですが、事件を起こして世界平和に近づきましたか？」と聞いた。

植松被告は「何も」と言うと、続けた。

「ただ、いい方向に行けばいいと思います。共生社会を目指す方向に行ったのが、ある意味一歩前進したと思います。安楽死を認める上でそういう段階を踏まなくてはいけないからです」

その次の段階は、と聞かれると、言った。

「共生社会になれば、それが現実的でないとわかると思います。実践として無理だったとわかるので、安楽死が認められると思います」

共生社会と言ったところで、本当に共生社会になればそれが破綻し、綺麗事だとわかって安楽死が必要とみんな気づく、ということらしい。

「心失者」の定義

別の被害者代理人弁護士は、「この裁判は報道されていますが、嬉しく思っていますか?」と聞いた。植松被告は「嬉しい?」と言うと5秒くらい沈黙して、「嬉しいとは思えません」と答える。

弁護士　昨日、コンプレックスが事件を起こした、野球選手になれば事件はなかったと言いましたが。
植松　そうだと思います。
弁護士　人前に出たり注目されたかった?
植松　人前や注目じゃなくて、楽しそう。

弁護士　楽しそうだと事件は起こさなかった?
植　松　こんな事件に興味なかったと思います。
弁護士　あなたの人生、楽しくないから事件を起こした?
植　松　そうではなくて、楽しみたいから思いつきました。人の役に立つことを。
弁護士　有意義な人生を別の形で送れていたら起こさなかったと。
植　松　興味なかったと思います。

　さらにこの日は、植松被告が事件後に作った「心失者」という言葉にも触れられた。彼が意思疎通のできない重度障害者を「心失者」と呼んでいることは前述したが、それ以外の「心失者」はどんな人か聞かれると、自分に手紙を出してきた殺人犯の話をした。

　手紙には、「若い女を監禁して殺しまくる小説が面白かった」と書かれていたという。その犯人は、女性を殺したそうだ。「どうしようもないと思いました」。植松被告は軽蔑の滲んだ声で言った。そのような人も心失者に入るらしい。続けて「植物状態の人は?」と聞かれると、「絶対回復しないわけではないのですぐ殺すべきではありませんが、安楽死させるべきだと思います」「名前、年齢、住所が言えない人は?」「安楽死させるべきです」

　このような時、植松被告の全身が「万能感」に漲っているのを感じる。あらゆる者の生殺与奪の権利を自分が一手に握っている、という陶酔感。そんな権利、植松被告には微塵もないのに、どのような人間を生かし、どのような人間を殺すべきかという話になると、端から見ても脳内麻薬が出ているのがわかるほどに高揚するのだ。この「神目線」の快楽が、事件を読み解く一つの鍵のような気がする。

何一つ思い通りにいかない若者（20代なんてだいたいそんなものだ）がすがった「自分が支配者だったら」という脳内ゲーム。すらすらと答える姿を見れば、誰もが「ずーっとこのこと考えていたんだろうな」と思うはずだ。

「障害者はいらない」

そうして美帆さんの母親の弁護士が質問に立った。

いくつかの質問の後、弁護士は言った。

弁護士　あなたは小学生の頃、「障害者はいらない」という作文を書いていますね。

植松　はい。

弁護士　いつ頃ですか？

植松　低学年だと思います。

弁護士　先生のコメントはありましたか？

植松　ありません。
弁護士　いつもはコメントする先生だったのになかったと。親や先生から何か言われましたか？
植松　言われてません。
弁護士　その後、友人や両親に、「障害者はいらない」という考えを話したことはありますか？
植松　親にはないですが、友人に「育てられないな」と言ったことがあります。

「障害者はいらない」という作文。初めて聞く新事実に、ペンを握る手に汗がにじんだ。しかも、小学校低学年で書いたというのだ。

この日の午前の法廷では、もう一つ、障害者に関することが明らかになった。

植松被告は中学生の時、学年が一つ下の知的障害者の腹を殴ったことを話したのだ。その子が同級生の女の子を階段から突き落としたことが理由だったようだ。「手をあげていた？」という弁護士に質問に「いつもそうではないけど」と答えていることから、一回だけではないようだ。

それにしても、この日の法廷で、「事件前年までは一切差別的な言動はなかった」という友人たちの証言は完全に覆った。一方、気になるのは、いつもコメントをくれたという学校の先生がこの作文に限ってノーコメントだったということだ。植松被告の独特の「受け取り方」については前述したが(プーチン大統領からの追悼など)、彼にはどうも「否定されない限り賛同された」と思い込む思考の癖があるようである。措置入院時、「障害者を安楽死させる」と言って医師や看護師が首を傾げた時は「一理ある」と思って頂いたと受け取り、「障害者を殺す」と言って友人たちが笑った時も、真実だから笑いが起きたんだと受け取っている。違う、間違っていると明確に否定されない限り、曖昧な態度はすべて「賛同」と受け取る癖。

この時、親からも先生からもなんのお咎めもなかったことは、実は大きなことなのかもしれない。

そしてなぜ、このような「受け取り方の歪み」が生じたのか。こうなってくるとやはり気になるのが生育歴だ。

「テロ」とは言われたくない

質問は続き、植松被告の給料について触れられた。自販機に飲み物を補充する配送の仕事の月給は23〜4万円。やまゆり園は19〜21、2万円で年60万円のボーナスも出たという。配送会社の方は、ボーナスが出る前に辞めている。

次に突然、弁護士の口から自分の名前が出たので驚いた。

弁護士　あなたは1月30日、雨宮処凛さんと面会しましたね？

植松　はい。

弁護士　雨宮さんから、あなたが措置入院となったことが「政府の回答だと思った」と述べたことについて聞かれ、「政府に拒否されたと思ったの？」と聞かれましたね。「でも、外に出れたので、やるなら一人でやれ、ということなのかなと思いました」と答えましたか？

この瞬間、植松はすごい形相で傍聴席を振り返り、最前列にいた私を睨んだらしい。「らしい」というのは、私はメモをとるのに必死で下を向いており、それに気づかなかったからだ。閉廷して法廷から出た途端、「すごい顔で睨まれてたけど大丈夫？」と何人かに聞かれ、初めて知った。弁護士は、植松被告と面会した私の原稿を読んだのだろう。「後ろを向かないでください」。植松被告が注意されて顔を上げた時には、すでに彼は正面を向いていた。質問は続く。

弁護士　あなたは、重度障害者を安楽死させるべきだという考えを、日本政府にわかってほしいからこの事件を起こしたのですか？
植　松　はい。
弁護士　政策を変えてほしいから起こした事件なんですね？
植　松　はい。
弁護士　では、あなたのしたことはテロ事件と言われていいですね。

そこで植松被告は言葉に詰まると、「うーん……、いいテロというのを聞いたことがないので……」と言葉を濁した。「テロリスト志望」ではないんだ、というのが意外な発見だった。これほど国や政府に「この現実に気づけ」と主張しているのに、テロ事件と呼ばれることには抵抗がある。理由は「いいテロ」を聞いたことがないから。

しかし、事件後、「世界が平和になりますように」「beautiful Japan!!!!!!」と投稿したことについて「政府にわかってほしかった?」と聞かれると、「はい、安倍総理大臣に」と答えるのだった。あくまでテロで要求を突きつけるのではなく、自分の起こした事件によって権力者に理解してほしい、という姿勢がいわゆる「テロリスト」との大きな違いだ。

弁護士　心失者が死ぬべき理由の一つが「お金がかかる」ということですが、刑務所と社会を行き来しているような人も消えるべきだと思いますか?

植松　そういう人が生き生きと働ける社会になればいいと思います。

弁護士　働く意欲がない人もいます。

植松　大麻を吸えば生き生きと働けます。

弁護士　生活保護を受ける人も増えています。3月、あなたは母親から生活保護を受けることについて、「それじゃあ当たり屋と同じだよ」と言われ、「こんな時じゃなくいつ受けるんだよ」と言っています。親が反対しているのに、なぜ受けたんですか?

植松　社会勉強をするため、うつ病のふりをしました。

14時7分、休廷。
14時40分、開廷。

検察官からの質問が始まる。刺した状況を覚えているか、と聞かれ「なるべくたくさんの人を殺害しようと思っていました」。
自分の考えは正しいが、やったことは正しいかわからないと言ったが、躊躇はなかったかと聞かれ、「外に一生出れないかもしれないと思いました。刃物で刺すのは正しいとは言い切れないとも思いました」。
また、自身の弁護士には以下のようなことを聞かれている。

弁護士　総理大臣や神奈川県知事が「共生社会を目指す」と言っているが？
植松　間違っていると思います。
弁護士　その後破綻するということか？
植松　無理だろうと思います。
弁護士　その先に、あなたの望む社会が来るんですか？

植松　そうなればいいと思います。

15時、休廷。

15時40分、開廷。


裁判員からの質問。

裁判員の1人が、植松被告に友人が多いことに触れ、聞いた。

「でも、大麻をやめたり結婚して子どもができたりする人もいますよね。その中で孤独を感じたことはありますか？」

植松は深く頷くと、「あります。結婚してどうして遊ばなくなるのか。つまらないと思いました」。

26歳ともなれば、地元のやんちゃな「いつメン（いつものメンバー）」も落ち着いて家庭を持ったりする時期だ。植松被告はそのことに一抹の寂しさを感じていたようである。

別の裁判員が、Xさんとの「最後の晩餐」に触れた。

裁判員　前日食事した女性に、「4、5年経ったらパワーアップして戻ってくる」と言いましたね。
パワーアップとはどういう意味ですか？

植松　拘置所の中で勉強して、本を読んで成長できました。いろんな人に面会に来てもらって、知識を増やしたり勉強する時間もできました。
裁判員　今の自分はパワーアップできたんですか？
植松　おかげさまで成長できました。
裁判員　どういうところがですか？
植松　字が綺麗になったり、本を読むことで知識が増えました。考えが深まり、(事件が)間違っていないと思うようになりました。

この日の裁判は午後4時に終わった。

「もし、犯行前に戻ったら、殺害以外の方法はとりましたか？」

補助裁判員の質問が読み上げられると、植松被告は間髪入れずに「デモなどしても意味がないと思います」と述べた。

裁判の終わり頃、裁判員の一人が、殺害方法に触れた。これまで書いてきたように、最初、心臓を狙って刺していたが、刃物が骨に当たって曲がったりし、自身も怪我をしたことから首を狙うようになる。

「やわらかい首に変えました」

その「やわらかい首」という植松被告の言葉に、思わず自分の首を押さえそうになった。やわらかな首の皮膚に、刃物がスッと当たる冷たい感触。目の前の植松被告はあの日、無防備に寝ている43人を刺し、19人を殺害したのだ。刺し傷だけで100箇所以上。なのに、犯行当時、血の匂いはあまり感じていないという。

ゾッとしながら、もう一つ、背筋が凍ったことを思い出していた。1月30日の面会で、私は植松被告にマンガ『闇金ウシジマ君』について聞いていた。1月24日の法廷で「横浜に原子爆弾が落ちる」「6月7日か9月7日に落ちる」などと言っていた植松被告だが、それが「闇金ウシジマ君に書いてあります」と述べていたからだ。面会でそのシーンが何巻にあるか聞くと「最終巻です。それの一番最後のところです」と言うので入手して読んでみた。

しかし、『闇金ウシジマくん』の最終巻に、彼が言うシーンは存在しなかった。

彼にはいったい、何が見えているのだろう？

2月／7日

第12回公判 精神鑑定をした大沢医師が出廷

この日は傍聴できなかったのだが、法廷には裁判所が行った精神鑑定を担当した、東京都立松沢病院の大沢達哉医師が出廷。

植松被告について、人格障害であるパーソナリティ障害、大麻使用障害、大麻中毒と診断したものの、大麻が犯行に及ぼした影響については、「影響がないか、影響を与えないほど限定的だった」と述べ、「大麻によって異常な発想をしたわけではない」とも指摘。

また「意思疎通のできない障害者を殺す」という動機を「妄想ではない」とし、「病気による発想ではなく、園での勤務経験や世界・社会情勢を見聞きしたことにより形成されていった」と述べた。それ以外にも、計画通りの犯行で合理的な判断ができていたこと、事件後は出頭し、違法性を認識していること、逮捕後、容疑を認めていることを指摘した。

参考……産経新聞２０２０／２／７「犯行に大麻の影響なし」相模原殺傷第12回公判、医師証言
https://www.sankei.com/affairs/news/200207/afr2002070024-n1.html

神奈川新聞2020／2／7　被告の精神鑑定した医師が証言、事件への大麻の影響否定
https://www.kanaloco.jp/article/entry-264796.html)。
NHK NEWS WEB 2020／2／14 2人の医師がみた被告　そして法廷に立った遺族たち
https://www3.NHK.or.jp/news/html/20200214/k10012286241000.html

2月10日

第13回公判 精神鑑定をした工藤医師が出廷

この日も傍聴できなかったのだが、法廷には弁護側証人として、植松被告の精神鑑定をした清和会中山病院院長の工藤行夫医師が出廷。

犯行当時の植松被告は「大麻精神病の状態だった」と証言した。

また、工藤医師は、事件の約1年前から植松被告は大麻の使用頻度が増え、SNSで過激な主張を発信したり、自身を「選ばれた存在」と語るなど異常な行動が際立つようになったと指摘。「大麻の影響で行動を支配され、本来の人格とは異なる異常な精神状態だった」「それまでの人格と事件を起こすまでの1年ほどの間の人格に連続性はなく、『人の変わった状態』になっていて、自然に生じた変化とは考えられない」と述べた。それだけでなく幻聴、被害妄想も見られ、現在も大麻精神病が続いている可能性も指摘した。

参考……………産経新聞2020／2／10「犯行に大麻の影響」弁護側の精神科医が鑑定家かを否定
相模原殺傷第13回公判

https://www.sankei.com/affairs/news/200210/afr2002100032-n1.html
神奈川新聞　２０２０／２／11「大麻の影響で行動を支配」やまゆり園殺傷、医師が証言
https://www.kanaloco.jp/article/entry-267505.html
NHK NEWS WEB ２０２０／２／14 ２人の医師がみた被告　そして法廷に立った遺族たち
https://www3.NHK.or.jp/news/html/20200214/k10012286241000.html

2月／12日

第14回公判　「大事な一人息子に私は死刑をお願いしました」

この日も傍聴できなかったのだが、犠牲となった5人の遺族が法廷で心情を伝えた。遺族の代理人弁護士が、遺族の文章を読み上げていく。

甲Sさん（43歳）の母親は、息子が毎年正月には自宅に戻ってきたことに触れ、「息子と一緒に笑いながら過ごす時間はとても幸せでした。私は被告に息子を奪われ同時に幸せも奪われたのです」と心情を綴った。

甲Cさん（26歳）の母親は、植松被告や傍聴席から見えないよう、遮蔽板で目隠しされた証言台に立ち、話した。

「娘の笑顔はたくさんの人を幸せにしてくれました。大事な心もありました。私の人生で欠かせない存在でした。障害があっても大切な命です」

2月5日、植松被告に直接質問した甲Eさん（60歳）の弟は、この日も遮蔽板を設けず、植松被告と対峙し、「私は被告に死刑を求めます」と述べた。

「人が亡くなり、刃物で重傷を負い、職員が、家族が、世の中の人が心に大きな忘れられない傷を背負って生きていくのです。現実は残酷です。そろそろ人のことはいいから、自分の人生、そして起こした事件に真剣に向き合う時です。植松聖さん、あなたは若く、あまりにも幼い。いずれ判決が下った時、受け入れるのか控訴するのか、人生は一度です。しっかり考え決めてください」

そうして、続けた。

「一つ、お願いがあります。ご両親の連絡先を教えてください。たぶん、私と同世代でしょう。大事な一人息子に私は死刑をお願いしました。一言お詫びを言いたいのです」

参考……NHK NEWS WEB ２０２０／２／14 ２人の医師がみた被告 そして法廷に立った遺族たち
https://www3.NHK.or.jp/news/html/20200214/k10012286241000.html

2月17日

第15回公判 美帆さんの母親の意見陳述

午前10時30分、横浜地裁101号法廷に入るなり、面食らった。いつもとは違う光景が広がっていたからだ。法廷中央の証言台を囲むように、青みがかったグレーの遮蔽板が法廷の大部分を覆っている。遺族や被害者家族の姿が見えないよう、傍聴席の右半分が白い遮蔽板で覆われているだけでも圧迫感があるのに、今日は法廷までもが高い壁で覆われている。証言者が植松被告に姿を見られないようにと作られたその壁が、この事件の異様さを物語っている気がした。

この日の法廷は、事件の日、植松被告に一番最初に刺され、命を落とした19歳の美帆さんの母親の意見陳述で始まった。美帆さんは胸、腹を3回、背中を2回、お尻を1回刺されて絶命している。美帆さんの葬儀には約200人が参列したという。そんな美帆さんについて、植松被告は2月6日の裁判で、美帆さんの母親の弁護士に、以下のように質問されている。

弁護士　（美帆さんが）赤ん坊から骨になるまでの写真12枚を見ましたか？

植松　はい。
弁護士　どんな気持ちでしたか？
植松　長年育ててこられたお母様のことを思うと、いたたまれない気持ちになりした。
弁護士　美帆さんは事件2日間の7月24日、最後にお母さんに会いました。今度は晴れ着を着て写真を撮る予定でした。
植松　いたたまれないと思います。
弁護士　美帆さんは人に幸せを与えていなかったと思いますか？
植松　そこだけ見れば幸せを与えていたかもしれませんが、施設に預けていることを考えれば負担になっていたと思います。お金と時間を奪っている。それで幸せになってはいけないと思います。
弁護士　美帆さんがいることを喜ぶ人はいなかったと思うんですか？
植松　喜んではいけないと思います。
弁護士　あなたは美帆さんが人間でなかったと思うんですか？
植松　人間として生活することができないと思います。
弁護士　人間と考えるべきでないということですか？
植松　そういうことです。

開廷してすぐ、美帆さんの母親の意見陳述が始まった。

美帆さんの母親、意見陳述

「私は美帆の母親です。美帆は12月の冬晴れの日に誕生しました。一つ上に兄がいて、待ちに待った女の子でした」

母親は、はっきりした声で陳述書を読み上げていく。

3歳半で美帆さんが自閉症と診断されたこと。そのあとは本を読んだり講演会に行ったり、とにかく娘のことを理解しようと勉強したこと。いい先生や友人、ガイドヘルパー、ボランティアに恵まれて、人懐っこい子に育ったこと。音楽が好きで、特に「いきものがかり」が好きだったこと。9歳から大きなてんかん発作があったこと。家庭の事情で中学2年生から児童寮で生活するようになったこと。毎月会いに行くのが楽しみで、娘のためと思うと仕事も頑張れたこと。多い時には4つの仕事をかけもちしていたこと。美帆さんに言葉はないけれど、その笑顔はひまわりのようだったこと。

そこまで読んで、母親は声に怒りを滲ませた。

「(法廷で被告に)お母さんのことを思うといたたまれません、と言われて、むかつきました」

前述した、6日の法廷での発言だ。が、そのように答える一方で、意思疎通のとれない障害者は安楽死させるべきという主張を法廷でも繰り返してきた。それはどれほど遺族の傷を深めるものだっただろう。母親は怒りで声を震わせるようにして、続けた。

「考えも変えず、1ミリも謝罪された気がしません。痛みのない方法で殺せばよかったということなんでしょうか。冗談じゃないです。ふざけないでください。美帆にはもう、どんな方法でも会えないんです」

そこから事件後、めちゃくちゃになった美帆さんの家族の状況が語られた。社交的だった祖母から消えた笑顔。体調を崩して入院した兄。母親自身も9キロも痩せたという。

「私たち家族、美帆を愛してくれた周りの人たちは皆、あなたに殺されたのです。未来をすべて奪われたのです。美帆を返してください」

悲痛な声が法廷に響く。

「私は娘がいて、とても幸せでした。決して不幸ではなかったです。『不幸を作る』とか勝手に言わないでほしいです。私の娘はたまたま障害を持って生まれてきただけです。何も悪くありません。

あなたの言葉を借りれば、あなたが不幸を作る人で、生産性のない生きている価値のない人間です。あなたこそが税金を無駄に使っています。あなたはいらない人間なのだから。あなたがいなくなれば、あなたに使っている税金を本当に困っている人にまわせます。

あなたが今、なぜ生きているのかわかりません。私の娘はいないのに、こんなひどいことをした人がなぜ生きているのかわかりません。なんであなたは1日3食ご飯を食べているのですか。具合が悪くなれば治療も受けられる。私の娘はもうこの世にいなくて何もできないのに。あなたが憎くて、憎くて、たまらない。八つ裂きにしてやりたい。極刑でも軽いと思う。どんな刑があなたに与えられても私は、あなたを絶対に許さない。許しません」

「あなたに未来はいらないです。私は、あなたに極刑を望みます。一生、外に出ることなく人生を終えてください」

美帆さんの母は、時に泣き叫ぶようにしながら必死に言葉を続けていた。

陳述が終わると、法廷には一層激しい母親の泣き声が響いた。吐き出すような、今まで聞いたどんな嗚咽よりも苦しげな声だった。植松被告はそれをどんな思いで聞いていたのだろう。メモをとっていた視線を植松被告に移したが、表情に変化は見られなかった。

そうして、証言台を覆っていた壁が外された。

検察から、死刑求刑

そこから80分、検察からの論告が始まった。

「社会を震撼させ、障害者や家族、施設職員に大きな不安を与えた」「このような犯罪が決して許されないことを社会に毅然と示す必要がある」とし、また法廷で「意思疎通がとれない障害者は殺した方がいい」という主張を繰り返したことについて「遺族や被害者家族の感情を踏みにじっており、更生可能性も皆無」として、死刑が求刑された。

この日の午後の法廷では、遺族、被害者の弁護士からも死刑を求める声が伝えられた。以下、法廷で伝えられた遺族らの言葉だ。

「死刑が選択されるべき。しかし簡単に死刑にしても償いにならない」

「1ヶ月半の裁判で、『考えが間違っていた』と最後まで聞けなかった。重度障害者はいらないと言われ、何度も傷ついている。3年以上経っても、いまだに苦しんでいる。被告にも苦しんでほしい」

「反省がない以上、社会に出れば重度障害者を狙う。更生の可能性はない。終身刑を課して、一生苦しんでほしい。しかし、日本には終身刑はない。無期懲役で仮出所が認められれば出られる。だから無期懲役ではなく、死刑を求めます」

「(被告がやったことは)ただの虐殺。自分の命が奪われる時、わかる。死刑しか考えられない。すみやかな執行を」

14時、閉廷。

2月
19日

第16回公判 結審の日

とうとう結審の日だ。この日も傍聴することができた。

午前10時30分から弁護側の最終弁論が延々と続いた。「被告は大麻精神病により心神喪失か心神耗弱状態だった」と、無罪か減刑を改めて主張。

17日、美帆さんの母親の陳述が終わってからはやたらと傍聴席を見渡したりとキョロキョロしていた植松被告だが、結審であるこの日はさすがにそのような態度はなく、真面目な顔で弁護側の最終弁論を聞いていた。そうして最後、植松被告に最終意見陳述の機会が与えられた。

最後の言葉

発言を許可された植松被告は証言台に立った。

これが法廷で意見を述べる最後のチャンスだ。これまで自分の事件を正当化することばかり言ってきた植松被告だが、ここで心からの謝罪があるのかもしれない。

法廷中の人間が固唾を飲んで植松被告の言葉を待った。

「恐縮ですが、3つあります」

植松被告は、はっきりと言うと、続けた。

「一つは、ヤクザは、お祭り、ラブホテル、タピオカ、芸能界など様々な仕事をしています」

思わず傍聴席の椅子からずり落ちそうになった。タピオカ？　しかし、植松被告は堂々とした様子で話し続けている。

「ヤクザは気合いが入った実業家なので、罪を重くすれば犯罪がなくなります。しかし、つかまるのは下っ端なので、司法取引で終身刑にすればいいと思います。刑務所の中で幸せを追求することはできます。その方が生産性が上がります」

「二つめ、どんな判決でも、控訴しません。

一審でも長いと思いました。文句ではなく、とても疲れるので、負の感情が生まれます。

貴重なお時間、申し訳ありません」

「三つめ、重度障害者の親は、すぐ死ぬと気づきました。寝たきりだと楽ですが、手に負えない障害者もいます。病は気からなので、人生に疲れて死んでしまう」

間髪入れず、続けた。

「日本は世界から吸血国家と言われています。借金が1110兆円になったと2月11日に報道されました。知らなかったでは済まされません。

文句を言わずおつきあい頂いた33人（刺された人数43人の間違い？）の家族と被害者を尊敬します。最後になりますが、この裁判の争点は、自分が意思疎通がとれなくなることを考えることだと思います。

ご静聴、まことにありがとうございました」

こうして約1ヶ月半にわたる「植松劇場」は終わった。

最後の発言は、「意思疎通がとれなくなったらどうするか、俺の事件を問題提起としてみんな考えろ」ということだろうか。

なお、「33人」の根拠は、後日、本人によって「解説」された。『創』篠田編集長が面会した際、同席した記者が33名について聞くと、植松被告は以下のように答えたという。

「全部で45名いるうちの、意見陳述を行った11名を除いた数です。だから34名ですが、間違って言ってしまいました」

「文句を言わずおつきあい頂いた」とは、意見陳述しなかったということだったのだ。ということは、植松被告は意見陳述をただの「文句」と受け止めていたのだろうか。ガクッと力が抜ける気がした。

結審の日には、横浜港に停泊したダイヤモンド・プリンセス号から乗客約500人が下船、横浜駅などから公共交通機関を使って帰宅した。クルーズ船内の感染者はこの日、542人。クルーズ船以外の国内感染者は64人。この時点では、この国の多くの人にとって新型コロナウイルスはまだどこか他人事だったが、3月末頃から感染経路不明の陽性者がどんどん増えていく。

裁判が結審した翌日の2月20日、知的障害者の当事者団体「ピープルファーストジャパン」は、神奈川県の黒岩知事に要望書を提出。ピープルファースト横浜の小西勉会長は、「なぜ事件が起きたか裁判で明らかになっていない。今も不安や恐怖が消えない」と訴えた。要望書は、「やまゆり園の支援実態を検証する」「当事者抜きに生活の場を決めない」「障害者は人間であり、幸せをつくることができる」などの4項目からなるという。

参考……神奈川新聞　2020／2／21「共生社会の実現を」障害者当事者団体が県に要望
https://www.kanaloco.jp/article/entry-276858.html。
YAHOO!ニュース　2020／3／3相模原事件・植松聖被告「控訴しない」を説得しようと接見、逆に「今生の別れ」をされた　篠田博之
https://news.yahoo.co.jp/byline/shinodahiroyuki/20200303-00165868/

裁判員のうち2人が辞任

判決言い渡しまで約半月となった2月28日、あるニュースが飛び込んできた。

植松被告の裁判で裁判員を務めた6人のうちの2人が辞任を申し出て、20日に解任されていたことがわかったというのだ。横浜地裁は改めて、補充裁判員2人を裁判員として選任したという。

果たして、無事に判決の日を迎えられるだろうか？

参考……産経新聞2020／2／28植松被告公判、裁判員交代、2人辞任、横浜地裁　相模原殺傷事件
https://www.sankei.com/affairs/news/200228/afr2002280008-n1.html

3月15日　神奈川新聞に「障害者はいらない」という作文についての記事掲載

2月6日の第11回公判で、植松被告が小学校低学年の時に「障害者はいらない」という作文を書いていたことが発覚したのは前述した通りだ。

そのことによって、それまで培ってきた「植松像」はガラガラと崩れたのだが、一方で、そのような作文を書いたのは子どもの無知ゆえで、それほど深読みするものでもないかもしれない

と思っていた。しかし、そんな思いを覆す記事が判決前日の3月15日、神奈川新聞に掲載された。13日、面会に行った記者が作文の内容について尋ねると、植松被告は以下のように語ったという。

「戦争をするなら障害者に爆弾をつけて突っ込ませたらいいというもの。戦争に行く人が減るし、家族にとってもいいアイデアだと思った」

作文を書いたのは、小学校2、3年の頃だという。

子どもゆえの無知などではなく、小学校低学年にして「障害者の軍事利用」を思いつき、作文に書いていたのである。

もちろん、私たちはこれまでの戦争の中で、「対戦車犬」などの形で動物が兵器として使われてきた歴史を知っている。小学生だった植松被告はそのようなものをどこかで見聞きしたのだろうか。しかし、それを「人間」が担うなんて、どう考えてもおかしすぎる。と思いながらも、この国では七十数年前、「特攻隊」という形で人間を「自爆攻撃」に使ってきた歴史があるのだった。

このように、植松被告の「おかしさ」を否定しようと思えば思うほど、「実は国を挙げてやっていた」みたいなことが出てくるのもこの事件の特徴である。ナチスの障害者虐殺は言うまでもないが、この国は90年代まで障害者に対して強制不妊手術をしていたという歴史も持っている。

参考……………神奈川新聞　2020／3／15

3月16日

判決言い渡し「被告人を、死刑に処する」

判決の日。

午後からの判決言い渡しの傍聴券を巡る抽選券交付は、午前10時20分に始まった。横浜地裁近くの「象の鼻パーク」に集まったのは1600人ほど。初公判に匹敵するほどの人出だった。しかし、傍聴券の争奪戦はこれまでにないほど熾烈を極めた。前回までは二十数枚あった傍聴券は、新型コロナウイルス感染拡大を受け、傍聴席を一つ空けて座るためにわずか10枚となってしまったのだ。倍率は160倍。

判決言い渡しのための開廷は13時30分。抽選は当然外れたので横浜地裁のロビーで終わるのを待っていると、14時15分、ぞろぞろと記者や傍聴人が出てきた。

判決は、やはり死刑。

主文に「被告人を死刑に処する」と書かれた判決文の要旨は以下のようなものだ。

判決文、要旨

12年12月からやまゆり園で働き始めた被告だが、利用者が突然噛み付いてきたり、職員が利用者を人間扱いしていないと感じたことなどから、重度障害者は不幸であり、家族や周りも不幸にする不要な存在と考えるようになった。

同時期、過激な言動で注目を集める政治家のニュースを見て、「重度障害者を殺害すれば不幸が減る」「障害者に使われていた金が他に使えるようになれば世界平和に繋がる」と考えるようになった。

それは病的な思考で、また衆院議長に手紙を出したことも異常な精神状態と考えられるが、障害者に対する考えは、施設での勤務経験を基礎とし、世界情勢を踏まえて生じたものとして了解可能である。大麻を常用していたが、犯行に計画性や一貫性があり、違法性の認識もあるので、事件当時、完全責任能力があったと認められる。

19人の命が奪われた結果は他の事例と比較できないほど甚だしく甚大。

計画的かつ強烈な殺意に貫かれた犯行で悪質性も甚だしい。

被告人が犯行時26歳と比較的若く、前科がないことなどをできる限り考慮し、罪刑の均衡、公平性の観点から慎重に検討しても、死刑をもって臨むほかない。

約45分にわたって裁判長により判決文が読み上げられた後、「主文、被告人を死刑に処する」という裁判長の声が法廷に響いた。

事件から、3年8ヶ月。

植松被告は証言台の前の椅子に座ったまま、微動だにしなかったという。

閉廷を告げられた瞬間、「すみません」と植松被告は右手を上げ、「一つだけ」と発言を求めた。

しかし、発言は認められないまま、閉廷。

この日の閉廷後、横浜拘置所で植松被告と面会した神奈川新聞の記者は、最後に何を言いたかったのか質問した。植松被告は、

「『世界平和に一歩近づくにはマリファナが必要です』と言いたかった」。

その意図について、「マリファナを使えば、意思疎通できなくなったら死ぬしかないと気付けるようになるから」と答えたという。

参考……………朝日新聞　2020／3／17 障害者19人殺害　死刑判決
神奈川新聞　2020／3／16「一つだけ……」認められなかった被告の発言　判決後明かす
https://www.kanaloco.jp/article/entry-300696.html

判決後の記者会見　尾野剛志さん

14時45分、横浜地裁からほど近い「スカーフ会館」2階で記者会見が始まった。まず会見したのは、被害を受けた尾野一矢さんの父親・尾野剛志さんだ。

「遺族、被害者家族が望んだ結果になり、ほっとしている」

開口一番、尾野さんは言った。

すべての公判を傍聴したという尾野さんは、第2回公判(1月10日)で、息子の一矢さんが、負傷しながらも重要な役割を担ったことについて語った。拘束された職員に頼まれ、施設内のリビングにあった携帯電話を取ってきたのだ。そのことが110番通報につながった。法廷で、初めて知ったという。

「自分の身体が痛いのに、出てきて携帯を渡した。調書が読まれた時、女房、娘と『一矢偉かったね』と泣きました。腸が千切れるほど刺されて、首、腹も刺されて手もズタズタなのに、這っていって携帯を取って職員に渡した。刺されながら。健常の子だってそんなことができるかどうか……」

その様子を想像したのか、感極まった声になった。

一方、法廷では尾野さん以外の多くの犠牲者、被害者は匿名にされたまま裁判が進んだ。そのことについては、重度知的障害者の家族が晒されてきた差別や偏見に触れ、「理解してほしい」と述べた。

が、裁判については、「本当にスッキリしない」「もやもやしたまま結審に至った」と率直な感想を述べた。

「植松がなぜ、やまゆりで支援の仕事をしながらああいう気持ちになったのか、理解できず聞けないまま、終わった。あまりにも被告人質問はあっけなかった。もっと幼少期や父母のことを聞きたかったが、(植松被告の)弁護団が『あれもダメ、これもダメ』と言って削られた」

2月5日の法廷で、尾野さんは植松被告に直接質問したわけだが、その際、あらかじめ植松の弁護団から「こういう内容の質問はNG」とダメ出しがあったというのだ。なぜ、弁護団はそこまでして両親についての質問を遮るのだろう？　生育歴は、事件を考える時に決して外せない部分だと思うのだが。

「被告がなぜあんな事件を起こしたのか。その背景がわからない。残念な裁判になった」

尾野さんはそう述べた後、植松被告が本採用された際の話をした。

「やまゆりでは、半年くらい臨時職員で、次の年に新採用されてます。4月の家族会で職員全員整列して挨拶するんですが、その時の被告は清々しかった。本当に好青年が入ってきたな、と思いました。それが2年で事件が起きるんです(実際には臨時職員採用から3年2ヶ月)。直属の上司の話を聞くと、(常勤職員になって)1年半くらいの時に刺青がバレる。そこで園で議論したけれど、それだけでは判断できないので『これからも働いてもらおう』と。プールの時とかウェットスーツを着たそうです。その前後から、言動がおかしくなった。『必要ない』と職員が見ている前で利用者の足を蹴ったり。刺青がバレたことでそんなに変わるかな。なぜ、気持ちが変わったのか」

記者に謝罪について聞かれると、尾野さんは言った。

「接見すると、『謝罪する気持ちはある』と言いつつ、『家族には申し訳ないけど殺したのは仕方ない』と矛盾したことを言う。全公判見ましたが、少しでも謝罪や反省の気持ちが見えるかと思ったが、一度も見えなかった。がっかりした。本当にスッキリしない。これからずっともやもやすることで植松に負けたことになる。ただ、あと15日間控訴しなかったら死刑は確定するので、できれば控訴してほしくない。本当に辛い3年8ヶ月でした。きちっと死刑を確定させて、遺族には、少しほっとしてほしい」

会見の最後には、一矢さんの現在についても触れられた。事件によってやまゆり園を出た一矢さんは今、支援を受けながら一人暮らしを目指しているという。

「明日、一矢のアパートの見学に行く」という尾野さんの言葉を驚きつつ、聞いた。はからずも、一矢さんは事件によって「脱施設」化し、地域での生活を始めようとしているのだ。

参考……………NHK NEWS WATCH 9　2020／1／16相模原　障害者施設殺傷事件
読み上げられた〝行きた証〟

https://www9.NHK.or.jp/nw9/digest/2020/01/0116.html
毎日新聞 ２０２０／１／11「みんなしゃべれます」泣き叫ぶ職員
やまゆり園での犯行詳細明らかに　相模原殺傷
https://mainichi.jp/articles/20200111/k00/00m/040/122000c

やまゆり園・入倉かおる園長の会見

尾野さんの次に会見したのは、やまゆり園の入倉かおる園長だ。やまゆり園を運営する「かながわ共同会」理事長とともに席についた園長は、まず「遺族、怪我された方々の多くが望んでいた刑が下されたと思う。当然のこととして受け止めている」と話した。

「今後の課題は」と記者に問われると、判決文にあった「施設での勤務経験を基礎として」ということをしっかり受け止めたいと述べ、この10日間、施設の職員に聞き取りをしていたことを明かした。植松被告が法廷で語った職員の暴力行為や、「2、3年したらわかるよ」という言動があったかどうかという聞き取りだ。しかし、そのような事実は確認されなかったという。

また、法廷での植松被告の印象を問われ、「一緒に働いていた頃の植松という支援員とは違う。身も心も肉づけして、まったく違う感じ」と述べ、働いていた頃の植松被告の変化に触れた。

事件が起きる16年の年明けくらいから、利用者について、軽い感じで「ヤバいですよね」「いらないですよね」と言うようになったという。が、それが「障害者はいらない」に変わっていく。

働き始めた頃の植松被告は「やんちゃな兄ちゃん」で、悪い印象はなかったという。が、非常勤から正式に採用となってからは、遅刻などが目立つようになる。それだけでなく、退勤時間ではないのに帰ってしまったり、足の悪い利用者を誘導する時、ポケットに両手を突っ込んだままだったり。

「人としての常識にも欠けるので、呼び出して『困るよ』と指導していました。でも、何度も同じことを繰り返す。それでも、ちゃんとできると褒めるなどしていました」

園長の中で、植松被告は「雑な職員」という印象に変わっていく。少なくとも、「これから福祉に取り組んでいこう」という態度には見えなかった。

そうしているうちに、植松被告の背中や肩にかなり大きな刺青が入っていることが発覚する。14年の大晦日のことだ。

「弁護士などにも相談しましたが、刺青だけでは退職を促せない。そこまでもっていけなかった。本当は辞めてほしかった」

また、裁判では植松被告が働き始めた頃、障害者を「かわいい」と言っていたことが語られたが、そのニュアンスについて、入倉園長は言った。

「『かわいい』と（植松被告が）言っていたのは、やまゆり職員だと『あの人だよね』と皆わかります。『植松さん、ありがとうございます』ってお礼を言ったり反応があるから『かわいい』と言っていたんだと思います。かと言って、大切にしていたとかではありません」

　これは貴重な証言だろう。「かわいい」と言いつつ、大切にはしていなかった。また、お礼の言葉があった入所者をかわいいと言っていたことも重要だ。事件前、植松被告はやまゆり園での仕事について、友人や交際相手に「感謝の言葉がない」「報われない」「給料が安い」と不満を漏らしている。「ありがとうございます」と言われるかどうかは、「役に立ちたい」という思いが人一倍強い彼にとって、大きなポイントだったはずだ。

　入倉園長によると、やまゆり園では植松被告が勤務していた14、15年頃から毎月「支援の振り返り」を始めたという。当時の振り返りを読み返すと、「(利用者が)お風呂に入っている時、出ることをせかしたりしないようにしよう」「(食事に)ソースやしょうゆをかけるか、一人一人に確認しよう」「その際にはこんな言葉かけをしよう」といったことが書かれていたという。一方、「職員が困っていること、悩んでいることがあったら早期に把握しよう」という記述もあったという。

　入倉園長は、最後に言った。

「(植松被告が)取り乱して詫びるくらいのことが(裁判で)あるかと思っていましたが、まったくありませんでした。裏切られた思いです。今日の判決を、一つの大きな区切りにしたいです」

SOSだった？

こうして、事件から3年8ヶ月後、裁判は「死刑判決」という形で幕を閉じた。

ここまで原稿を書きながら、当時のノートを何度も読み返してきた。膨大な傍聴記録と面会の記録、そして判決後の記者会見のメモだ。

それらを読み返して、入倉園長の言葉を反芻した。

軽い調子で障害者に対して、「やばいですよね」「いらないですよね」と言うようになったという植松被告。

もしかしたらこの時期、彼は深い葛藤の中にいたのではないだろうか？ 重度障害者を目の当たりにして、自分では処理できないほどの戸惑いの中にいたのではないだろうか？

やまゆり園での勤務を始めるまで、植松被告は障害福祉の世界について何も知らなかった。やまゆり園に入って、「すごい世界があるなと思いました」と言うほどに、彼は何も学ばないいま現場に身を置いた。それも、最重度の成人の障害者を受け入れる入所施設に。

「1日中、車椅子に縛り付けられ」「ドロドロの食事」を流し込まれる入所者を見て、誰もがそうであるように、彼もショックを受けたはずだ。

高校時代の元カノも、供述調書で葛藤を語っていた。高齢者施設で働いていた時、ドロドロにしたご飯に、デザートのいちごも混ぜて出した時。そのことが「この人にとって良いサービスなのか」と疑問に思ったという。高齢者を助けたいという思いで介護の仕事に入っても、理想と現実にはギャップがある。

葛藤は、端から見て過酷に見えれば見えるほど、「この人は幸せなのか」「この人の生は苦しみに満ちているのではないか」「死なせてあげた方がいいのではないか」「生きる意味はあるのか」に発展していく。また、植松被告はおそらく「なぜ、彼ら彼女らは障害があるのに自分はそうではないのか」「命とはなんなのか」「生命の価値とはどういうものなのか」など、それまで考えたこともないような問いを突きつけられていたのではないだろうか。そうしてそんな根源的でもっとも難しいテーマについて、彼は誰かと語りたかったのではないか。「やばいですよね」とあえて軽い感じで同僚に言ったのは、「目の前の現実をどう受け止めればいいのか」というSOSではなかったたか。

そんな葛藤は、ケア労働につきものだと思う。しかし、彼の葛藤に付き合ってくれる人間はいなかった。

混乱の中、葛藤し続けることに耐えられなくなった彼は、ある一つの「回答」に辿り着く。ものすごく、いろんなことをショートカットして。それが「障害者を殺す」ということではなかったか。

「殺す」と言う植松被告に友人たちは「捕まるよ」と言い、差別的な発言を聞いたある先輩は「心で思っても口にするな」と言ったという。それらの言葉は、植松被告の心には、おそらく、まったく響かなかった。

『居るのはつらいよ』で大佛次郎賞を受賞した東畑開人氏は、「ケアの価値見失う大きな社会」(朝日新聞1月22日夕刊)という記事で、以下のように書いている。

「母親が子供の世話に疲れ果ててしまうとき、教師がうつになって学校から離れるとき、援助者であった人が自分の仕事と利用者を憎むようになるとき、彼らを追い詰めているのは、自身の資質ではなく、社会の歪みだ」

しかし、葛藤したり、追い詰められる気持ちはよくわかっても、多くの人は「殺す」に飛躍しないし、実際に手を下したりはしない。包丁やハンマーを用意して深夜のやまゆり園に侵入しないし、目の前の生きている人間に刃物を振り下すには、もっともっと大きな葛藤を超えなければならない。

なぜ、植松被告は一線を超えたのか。

判決が出た今、それが解明されたとはまったく言えない状況にもやもやは募るばかりだ。

事件について書かれた『開けられたパンドラの箱　やまゆり園障害者殺傷事件』(月刊『創』編集部編)で、精神科医の松本俊彦氏は植松被告について、以下のように語っている。

「とにかく彼のドロッとした部分が見えてこないんです。少なくとも自己愛性パーソナリティ障害の人が胸に隠し持っている劣等感とか羨望の気持ちとか、怒りのようなものがどこかでポロポロっと見えてくるかと思ったら、そうでもない。いろんなものがあっさりしすぎていて……」

裁判が始まる前、『創』18年8月号に掲載された香山リカ氏との対談での発言だが、裁判傍聴を重ね、植松被告と面会した私の印象もまさにそうだ。暗い「情念」どころか「闇」のようなものさえ植松被告にはまったくと言っていいほど感じない。それは彼が何か言っても、必ず「こういう本に書いてありました」「起業家の人が言ってました」という感じで、ネットで無料で見られるものの上澄みを集めてそれをつぎはぎしたみたいなことしか言わないからだ。

そんな植松被告は以前、ヤフーニュースなどのコメント欄にたくさんの書き込みをしていたという。ヤフーニュースのコメント欄と言えば、誹謗中傷ギリギリだったり差別的だったりの「ひどい書き込み」が多いことで知られる。植松被告は自分でも、以下のように書いている。

「かつて私はヤフーニュースなどのコメント欄に沢山の書き込みをして遊んだことがあります。イイネしかできないSNSと比べてワルイネ(bad)が新鮮で、赤の他人だからできる直球のコメントにも魅力を感じていました。

ですが、気がつくと私のコメントはほとんど削除されていました。内容は『トランプ大統領は真実を話している!!』『大麻は世界で認められている!!』等々、日本の世論には反する文章でした」(『開けられたパンドラの箱』より)。

一方、植松被告は事件前、動画サイトに自らの動画を投稿している（後述）。現在は全編を見ることはできないが、そのサイトでは彼の過激な発言が多くの賛同を得たようだ。ヤフコメの差別やヘイトに満ちたコメントや、自分の動画の過激な発言（おそらく「障がい者を殺す」などだろう）に賛同する人々のコメントを見るうちに、「これくらいやってもいいんだ」「これがみんなの本心なんだ」「これこそが世論なんだ」と思っていったのかもしれない。

おそらく免疫がなかったゆえに、彼はネット上の悪意を真に受け、また「イルミナティ」などの都市伝説に容易に感化された。そんな時、トランプ氏が大統領選に出馬し、過激な言動を繰り返す姿が連日テレビで報じられた。その姿に、「これからは真実を言っていいんだ」と思ったのではないか。

『開けられたパンドラの箱』で、精神科医の斎藤環氏は、措置入院後の孤立が彼を追い詰めたのではないかと指摘している。

確かに、事件に向かうまでの植松被告はどんどん孤立を深めていた。

衆院議長に「障害者470人を殺せる」と手紙を書いたものの、それがきっかけで措置入院となってしまう。このことによって仕事も失う。「障害者を殺す」と言い続けた植松被告からは、人がどんどん離れていく。友人たちの間では、「さとくん、変な宗教にハマったんじゃないの？」と言われ、「仕事を辞めて警察に連れていかれたらしい」という噂も仲間内で広がっていた。この頃、多くの友人が「さとくん」と縁を切ったりフェードアウトしていったりした。事件1月前の6月、高校時代の元カノに「同窓会しよう」などと連絡していたが、そのことは彼の孤立が極まっていたからではないだろうか。

一方で、経済的な不安もあったはずだ。3月に生活保護を申請し、4月からは失業保険での生活となる。どちらにしても生活は苦しかったはずだが、「生活困窮するのではという不安は？」と裁判員に聞かれた植松被告は、「事件を起こすつもりだったので不安はなかった」と答えている。また、弁護士の「いつ頃この事件の計画を立てたか」という質問には、「10月までには事件を起こそうと思いました。自分の貯金残高もあるし」と述べている。

斎藤氏は、16年のインタビューで以下のように語っている。

「彼は、もともとはちょっと思い込みの激しい孤独な青年だったと思いますが、そこに措置入院させたことで精神障害者というレッテルを貼られてしまった。貧困層の人々が生活保護層を叩くのと同じように、自分が非常に劣位に置かれている、弱者の立場に置かれているからこそ、自分より弱者を叩きたい、排除したいという発想を持ってしまったのだと思います。

今は社会全体で、そうした傾向が非常に際立っています。自分こそが排除された存在であるという意識が差別を強化してしまう。そうしたねじれた現象が起こっています。極論かもしれませんが、彼が措置入院をくらったということが犯行の後押しをした可能性は、決して否定できないと思っています。このレベルの人を本当に措置入院させていいのかといった議論を深められないと、世論がますます危険な方向に向かいそうで心配です」
「退院後のアフターケアも問題です。植松被告の場合、措置入院させてしまったことによって、家族や友人との関係がいっそう疎遠になってしまったのではないかと思います。現に退院後は家族と暮らすという条件がつけられていたにも関わらず、彼は単身生活をしていました。家族も彼をもてあましていたのかもしれませんが、今回一番彼を追い詰めた、あえてそう言いますが、その最大の要因は孤立だったと思うのです」

失業保険が切れたら立ち行かなくなるだろう生活と、残り少ない貯金残高。そして友人や親に対して「もてあまされている」感覚を持っていただろう植松被告。また、措置入院という「前科」「烙印」があれば仕事はなかなか見つからないことを本人も自覚していたはずだ。人生、かなり「詰んだ」状態だ。

そこで唯一、彼に希望を与えたのが、「日本は滅亡する」というイルミナティカードの予言だったのではないだろうか。どうせすべて滅びるのだ。ならば死刑なんて怖くない。

そうして「障害者はいらない」と45人を殺傷した植松被告は、「そんなお前こそ生きる価値はない」と死刑を宣告された。

「世の中には存在してはいけない人間がいる」という植松の主張を、はからずも証明してしまう判決だった。

植松被告に死刑判決が下った日の深夜、テレビをつけると日テレで『TED2』が放送されていた。植松被告が交際相手と観て、「俺の言いたかったことはこれだ!」と興奮した、あの映画だ。

31日、植松被告の死刑が確定

3月27日、植松被告の弁護士は死刑判決を不服として控訴。以前から「弁護士が控訴しても取り下げる」と述べていた植松被告は控訴期限の30日、控訴を取り下げ、31日、死刑が確定した。

この日をもって、植松聖の呼び名は植松「死刑囚」となった(が、本書では以降も被告とする)。彼にとって、確定死刑囚は生きる意味のない存在だ。死刑囚が長期間生きながらえているのは税金の無駄だから早期に執行すべきと手記などで主張してきたのだ。その死刑囚になった今、彼は早期執行を望むのだろうか。

判決前から死刑は覚悟していたのだろう。3月3日には、3年間にわたって面会を続け、植松被告の手記を載せ続けた『創』の篠田編集長に「長い間、お世話になりました」と今生の別れを告げている(篠田氏はその後も面会を続けたのでこの日が最後の別れにはならなかったのだが)。

また、3月30日に接見した女性記者に「最後に何か言っておきたいことはありますか」と聞かれ、「餃子に大葉を入れると美味しいのでぜひ試してください」と言っている。最後の一言で「餃子に大葉」って……。このズレが、やっぱり植松被告らしい。

一方、4月6日、篠田編集長と横浜拘置所では最後となる面会(お互いそうとは知らずに)をした植松死刑囚は、自身の死刑執行の前に首都圏が滅亡し、それによって自分が死ぬだろうと語っている。それだけでなく、3月24日に決定したオリンピックの延期も新型コロナウイルス感染拡大もイルミナティカードで予言されていた、6月に首都圏は滅亡するから避難した方がいいと篠田氏に忠告している。この忠告は、他の面会者にもしていたようだ。

そうして東京など7都府県に緊急事態宣言が出された4月7日の早朝、彼の身柄は横浜拘置所から東京拘置所にひっそりと移送された。確定死刑囚となったので、これまでのようにマスコミと面会することはできない。これから面会できるのは家族くらいだ。

おそらく彼は今も、「日本は滅びる」という世界の中にいる。首都直下型地震が起きるだけでなく、横浜に原子爆弾が落ちるとも言っている。現在の新型コロナウイルス感染拡大とそれによって引き起こされている混乱は、植松被告の目には「滅亡という予言が当たる前兆」に見えているのかもしれない。

しかし、日本は滅びず、世界は終わらず、死刑執行までの長い長い時間が続き、「忘れられた」存在となったら。

その時彼は、初めて事件と向き合うのかもしれない。

参考……YAHOO!ニュース　2020／3／3相模原事件・植松聖被告
「控訴しない」を説得しようと接見、逆に「今生の別れ」をされた　篠田博之
https://news.yahoo.co.jp/byline/shinodahiroyuki/20200303-00165868/
YAHOO!ニュース　2020／3／31相模原事件の植松聖被告は控訴取り下げ直前に
「安楽死する人と同じ気持ちだ」と語った　篠田博之
https://news.yahoo.co.jp/byline/shinodahiroyuki/20200331-00170611/

3月16日
判決言い渡し　「被告人を、死刑に処する」

対談

渡辺一史×雨宮処凛

裁判では触れられなかった「植松動画」と入所者の「その後」

相模原事件の裁判の間、連日のように顔を合わせていた人がいる。

それが『創』の篠田編集長と、ノンフィクションライターの渡辺一史さん。代表作は、03年に出版され、大宅壮一ノンフィクション賞、講談社ノンフィクション賞を受賞した『こんな夜更けにバナナかよ』(文春文庫)。18年には映画化され、大ヒットとなった。

そんな渡辺さんは北海道在住にも関わらず、裁判期日には必ず横浜地裁にいた。全16回の公判をほぼすべて傍聴しただけでなく、植松被告とは17回にわたって面会を続けてきたという。今も事件についての取材を続ける渡辺氏と、事件について、植松被告について、そして裁判ではあまり掘り下げられなかった「やまゆり園」の支援のあり方について、語り合った。

雨宮　裁判では、いつもお世話になりました。なんだか連日のように横浜地裁に通った日々が遠い昔のようです。まず最初に聞きたいのですが、渡辺さんはなぜ、この事件に強い関心を持ったのでしょうか。

渡辺　僕は03年に『こんな夜更けにバナナかよ』という本を書いたんですが、それは筋ジストロフィーという難病で、重度身体障害がある鹿野靖明さんとボランティアとの交流を書いたノンフィクションだったんですね。当時は在宅福祉の制度がまだまだ未整備で、鹿野さんの生活を支えていたのは主に若いボランティアだったんですが、取材していると、鹿野さんを支えることを通して、ボランティアの人たちが大きく成長していく。介護というものを通して、人と人との向き合い方や、そもそも人が生きるってどういうことなのか、僕自身も教わることが多かったんです。

通常、私たちは「支える人」と「支えられる人」というふうに分けて、障害者や高齢者は、常に「支えられる人」の側だと考えがちです。でも、両者は常に逆転しうる関係であり、介護って奥深い仕事だなあと思ったんです。

その一方で、植松被告は、同じように障害のある人を支援する立場にありながら、彼らの存在を全否定する方向に行ってしまった。彼は12年12月にやまゆり園に非常勤職員として採用されて、約3年2ヶ月の間、職員として勤務していたわけですからね。

雨宮　そうですね。結構長いですよね。

渡辺　現場で仕事をしながら、介護の深みも、障害者と接することの深みも感じるような体験をしなかったのか。なぜ短絡的な考え方にとらわれてしまったのか。植松被告に直接会ってつきとめたいと思ったんです。

雨宮　17回も面会して、どんな話をしてきたんですか？

渡辺　いろんな話をしましたけど、植松被告は介護というのは「人の時間とお金を奪うもの」であり、「社会にとって迷惑なもの」だと主張するのに対して、僕は全然そうは思わないという話は何度もしました。でも彼は基本的に、自分の主張はするけど、他人の主張を聞く気はないんです。すぐイライラし始めるし、対話が深まるということは最後までなかったです。

　それと、最初の手紙を送った時に自分の本を同封したら、一応読んでくれたみたいなんですけど、彼の読み方は独特というか、思いもよらない読み方をするんですね。

雨宮　どういう読み方なんですか？

渡辺　例えば『バナナ』の感想だと、「鹿野さんが人とうまくやっていけたのは、鹿野さんの肌が綺麗だったからです」以上、みたいな。

雨宮　え？

渡辺　は？　どういうこと？　みたいな。そんなことどこにも書いてないので。

雨宮　むちゃくちゃズレてますね。植松被告と会ったり、手紙をやりとりした印象として、明らかにおかしいとか、病気、なんらかの障害があるんじゃないかと思いました？　それとも普通だと思いました？

渡辺　最初は拘禁症、つまり長い拘置所生活で精神的に失調をきたし始めているのではないかと思いました。僕が植松被告と手紙のやりとりを始めたのは19年3月ですが、実際の手紙の文面はこうです。
《御手紙と切手を有難うございます。……やるべき事は大麻を解禁する事。意思疎通とれない者、意識の無い重度障害者を安楽死する事。医療脱毛で綺麗にする事と考えています。「大麻」と「医療脱毛」で幸せにより良く生きると自然に安楽死が必要と考えられるようです。大麻があれば脳性マヒを持つ方も少しは楽しく生活できると思います》。
それに続けて、先ほどいった《鹿野さんが皆様と仲良くできたのは肌が綺麗だからです》と。

雨宮　唐突……。

渡辺　事件直後は、メディア各社などに、自分の主張の正当性を伝えようと、それなりに論理的な手紙を書き送っていたんですね。でも僕が手紙のやり取りを始めた頃は、論理的には何を言いたいのかさっぱりわからないような文章が多くなっていました。

雨宮　植松被告について、なんらかの発達の偏りを感じるという専門家もいますよね。

渡辺　ＡＤＨＤではないかという精神科医もいますし、アスペルガーの傾向があると思える部分もあるのでしょうが、僕自身は、彼は典型例ではなく、ボーダーではないかと思っています。でも、そんなことをいえば、僕自身もボーダーですし、物書きやアーティストなんて発達に偏りがある人は多いでしょう。要するに「自閉症スペクトラム（連続体）」という言葉があるように、自閉症の人たちと健常者は連続線上でつながっていて、植松被告も僕も障害者寄りに位置している点では、そう変わりないと思います。

雨宮　ああ、典型例じゃないというのはすごくわかります。ちなみに私自身、植松被告をどう捉えていいかわからなかったけど、実際会うと普通だと感じました。言ってることはおかしいけど、病気や障害という感じはしない。

渡辺　そうですね。手紙を読んでヘンだと感じるほど、会って話してみるとヘンではないですよね。病的な印象はまったくないです。

雨宮　裁判は終わりましたが、いろんなことが解明されないままだったと思います。私としては、施設のあり方という問題がもっと問われてしかるべきだったのではと思います。特に「1日中、車椅子に縛り付けられている」など、障害者の扱われ方に疑問を感じて「かわいそう」と言うようになり、そこから突然「殺す」に「飛躍している」ことなんかについて。

渡辺　やまゆり園の支援のあり方が、植松被告の障害観に影響を与えたのは間違いないと僕は思っています。最初にやまゆり園の実態が問題視されるようになったきっかけは、19年6月12日にNHKの「おはよう日本」で放送された松田智子さんという元利用者についての報道でした。

智子さんは、事件後にやまゆり園を退所して横浜市内の施設に移ったのですが、ご両親がやまゆり園時代の支援記録を請求したところ、《突発的な行動もあり、見守りが難しい》という理由で、車いすに長時間拘束されていたことが明らかになったんです。

ところが、智子さんが今の施設で拘束を解かれた生活をするうちに、長年の拘束で凝り固まった足腰のリハビリによって歩けるようになったほか、散歩やカフェでの食事、地域の資源回収の仕事までできるようになりました。

雨宮　すごい!!

渡辺　支援の仕方しだいで、障害の重さが違ってくるということですね。僕もその施設に取材に行っていますが、日中に行くと施設には誰もいないんです。「日中活動」といって提携先のコープのリサイクルセンターに作業に行っていたり、智子さんのように近隣の資源回収の作業をしていたり、全員が日中活動に出かけていて、夕方になると施設に利用者が戻ってきます。

それに対してやまゆり園は、元利用者家族から聞いた話では、日中活動に行くのは週2日か3日で、あとは「部屋でテレビを見ていました」とか、施設内にずっと居て、やることもなくロビーなどをうろうろしている。その元利用者家族が言っていましたが、「そういう姿を見ていたら、この人たちは生きる価値がないと自分だって思うかもしれない。その意味では植松被告の見方は間違っていないんじゃないか」と。

雨宮　ああ……。

渡辺　やまゆり園側が取材に応じてくれないので、僕自身はその実情を探ることはまだできていないのですが、先ほどの松田智子さんに関する報道や、そうした元利用者家族からの告発もあって、神奈川県が20年1月にやまゆり園の支援の実態を調査するための第三者委員会を立ち上げたんです。その中間報告が5月に発表されたのですが、それによると、やまゆり園では利用者を居室に閉じ込めて施錠するなど、「虐待」の疑いがきわめて強い行為が行われていたことが明らかになっています。それから、身体拘束するには3要件というものがあるのですが……。

雨宮　3要件？

渡辺　やまゆり園には、知的障害の中でも特に対応が難しい「強度行動障害」のある人が多い施設なんです。一般に「自傷他害」といいますが、自分の顔や体を叩いたり、異物を口に入れたり、物を壊すなど大暴れする人もいます。それで職員が傷だらけになってしまう場合もあるし、利用者の安全のためにという名目で身体拘束を行うわけですが、それには「切迫性・非代替性・一時性」という3つの要件をすべて満たしている必要があるんです。

　ところが、先の中間報告では、やまゆり園では一つでも該当すれば身体拘束できると認識していたり、家族への説明や同意書など必要な手続きも不十分だったことが明らかになってきています。

雨宮　そうなんですね。ちなみに施設によっては縛り付けるんじゃなくて、コミュニケーションの仕方で本人を落ち着かせるとか、そういうノウハウがあるんでしょうか。

渡辺　簡単なことではないと思うのですが、例えば、松田智子さんがいる施設を取材していると、「最重度」と言われる人でも行動障害をほとんど起こさずに、ちゃんとリサイクル作業などを行っているんですね。そして、みんなで汗を流して一緒に働いて、作業後には「お疲れさま!」と言い合って、とても満足そうな顔をしています。そうやって、人から「お疲れさま」と言われる体験はとても大切で、それによって自己肯定感が培われていって、行動障害が徐々に少なくなっていくと聞きました。

　そもそも強度行動障害のある人たちとどうつき合っていけばいいのかは、この事件を考える上でキーになると僕は思っているので、もっと取材を深めていかなくてはと思っています。

雨宮　ただ、やまゆり園が全国の入所施設と比べて特別にひどいかと言えば、決してそんなことはないようですね。

渡辺　やまゆり園は日本の施設の中ではスタンダードだと思います。決して劣悪な環境の施設で、あの事件が起こったというわけではないということです。
それと、やまゆり園は県立の施設でもあることから、労働環境はスタンダードより少し上と言ってもいいです。職員の給与水準は、県内の他の施設と比べても高いですし（社会保障法学会による調査）、残業はなく、有給休暇も取りやすく、夜勤明けの翌日が休みというのも看護師なみの勤務体制で、介護職としては恵まれていると思います。だから、やまゆり園に問題があるということは、日本の多くの施設に問題があるということで、単にやまゆり園だけをバッシングして済む話ではないですよ。

雨宮　植松被告も「やまゆり園が悪いわけではない」というのは何度も法廷で言っていましたね。それにしても、彼は教員免許も持っていて教育実習まで行ってたのに、しかも実習先の評価も高かったのに、なぜ教員の道には進まなかったんでしょうね。

渡辺　教員採用試験の直前に、「自分は教師に向いてない」と思って諦めたと言っています。それで運送会社に就職して、主に自販機の補充をしていたそうですが、やってみたら体がキツいわりに給料が安いということで、8ヶ月で辞めます。その後、小学校からの幼なじみがやまゆり園で働いていて、「今度説明会があるから来ないか」と誘われて、「なんかラクそうだから」という理由で入ったようです。

雨宮　「ラク」が理由だったんですね。ちなみに20代で大卒の人が来たら、施設側は100％入れてしまうものなんでしょうか？

渡辺　小学校の教員免許を持ってて、大学時代に学童保育のアルバイト経験もあるわけですから、絶対入れるでしょうね。

雨宮　そうなんですね。でも、入った一番の動機が「ラクそうだから」というのは……。

渡辺　そこもまた彼っぽい。植松被告は高校は調理科を出てるので、調理師免許を持ってるんですよ。だから料理にも独特のこだわりがあって、拘置所の飯がマズいのが苦痛でしょうがないと言っていました。死刑判決が出た後、記者から「最後に一言」と言われて、「餃子には大葉を入れると美味しいので試してください」って言うほど料理に一家言あるんですね(笑)。でも、せっかく調理師免許を取ったのに、なぜ料理人にならなかったのかと聞いたことがあるのですが、「重労働のわりに儲からなさそうなんで」と言っていました。

雨宮　ああ……。

渡辺　常に「ラクして儲かることはないか」という発想が彼にはありますね。やまゆり園の職員時代にも、やまゆり園を辞めて特別支援学校の先生になろうとして受験勉強を始めるんです。なぜかというと、特別支援学校の教員は小学校教員と比べて、「同じ公務員なのに給料が高いから」というんです。障害者の存在を否定していながら、まったくつじつまが合わない。

雨宮　へぇー、そんな時期もあったんですね。でも確かに「お金」に対する執着はすごいですよね。裁判でも、「お金がほしかった」ということは臆面もなく言ってました。

渡辺　それも手っ取り早くお金がほしい。友達の一人は、「確かにさとくんは手っ取り早いのが好き」「地道なことが嫌いなタイプ」と言ってました。

雨宮　ここで、裁判では一切出なかった「植松の動画」のことを聞きたいと思います。渡辺さんから教えてもらって初めて知ったんですが、植松被告は事件前、「アフリカTV」という生配信ができるサイトに自身の動画を投稿していたそうですね。今もその一部が編集され、テレビで放送されたものをYouTubeで見ることができますが、そこには2日分の動画が残されています。一つは黄色い(白い?)シャツを着てメガネをかけて運転しながら撮影したもの、もう一つは黒いナイキのTシャツを着て、黒いサングラスをかけ、やはり運転しながら撮ったもの。どちらも金髪です。ハンドルを握り、カメラ目線で時々キメ顔を作りながらカメラに語りかけるというもので、見た目はイケイケの「EXILE(エグザイル)風」。

そんな動画で植松被告は「最近世界がやばい　第三次世界大戦が始まっている。このままでは日本が滅びる」「日本を助けなければいけない」「世界を救わなければいけない」「世の中不幸な人が多すぎる。不幸な人ばっか」「なんとかしないと……」などと言っています。また、初めてボートレースに行ったという日には、「もうじじいばばあばっかり」「いっちゃ悪いけど死に損ないしかいなかった」「いなくなっても誰も困らない」「どうすればいいんだろ、あれでいいのかな」と、高齢者の存在を否定するようなことを言っています。動画では、時々満面の笑顔を見せたり、語りかけるような口調だったりと、かなり自分かどう観られるか計算している。まずあの動画について、少し説明してもらえるでしょうか。

渡辺　おそらくですが、植松被告は15年の秋くらいから、16年の2月くらいまで、その動画サイトに投稿していたんだと思います。その頃はどんどんイルミナティカードや陰謀論に傾倒していく時期で、「こういうことがイルミナティカードで予言されている」みたいな話をそのサイトでしたら、常連投稿者から「そんなことは常識だ」みたいに返されたそうです。

雨宮　イルミナティカードにハマった植松被告は、友人たちにもその話をしますがあまり相手にされなかったようですね。でもそのサイトでは思う存分そんな話ができた。そういう交流もありつつ、アフリカTVで彼は動画を投稿して、おそらく過激なことを言っていたのでしょうね。犯行予告的なこと、「殺す」とかも言っていたかもしれません。事件直後の報道によると、その中で、そのサイトの人たちが「やっちゃえやっちゃえ」という感じで盛り立てたところもあるようですね。

渡辺　どこまで真に受けちゃったかはわからないですけど、でも、かなり真に受けちゃったんじゃないかと僕は見ています。

雨宮　でも、そこで盛り上げた人たちは、まさか彼が本当に事件を起こすとは思わなかったでしょうね。ネットでの、冗談半分な「殺してしまえ」みたいなヘイトが、彼には通用しなかった。ネット社会の弊害というものもすごく見えてきます。

渡辺　周りの友達に支持されなかった分、ネット民が支持してくれたのが嬉しかったのか……。リアルな友人は、彼が動画サイトに投稿していたことはまったく知らなかったようです。ただ、彼には独特の楽観的な思考様式がありますよね。「ご理解頂いた」「みなさんにわかって頂いた」みたいな。

雨宮　はいはい。

渡辺　死刑判決の2日後に僕は会ったんですけど、「裁判では自分の主張を十分に語れましたか?」と聞いたら、「記者の方たちが、皆さんわかってくださっているなと」と言うんです。意思疎通のとれない障害者は安楽死させるべきだという彼の主張に対して、「同意しないまでも、『わかるよ』と。皆さん思ってくださっているので」って。

雨宮　誰も何も言ってないのに、勝手に「ご理解頂いた」「わかってくださった」と読み取るんですよね。ある意味すごいポジティブシンキングですよね……。

渡辺　だからすごいディスコミュニケーションなんです。でも、彼の中では「ご理解頂いた」というう、そういう波長が来るらしいんですよね(笑)。それから、裁判が結審したあと2人の裁判員が辞任したんです。裁判員裁判ですから、辞任の理由は一切発表されませんが、植松被告に言わせると「死刑にするほどの罪ではないと裁判員の方たちにご理解頂いた」。だから辞めたんだと。

雨宮　ああ……。

渡辺　事件前のことで言うと、植松被告はヤフーコメントにもひどい書き込みをしていたそうですが、どんな内容かご存知ですか？

雨宮　何を書いたのかは詳しくは知りませんが、とにかく「すぐに消された」ということらしいですね。ヤフコメって、そんなに削除基準が厳しくないですよね。

渡辺　ということは、ものすごく差別的な書き込みだったから消されたということですよね。

雨宮　「死ね」とか、そういう直接的なワードがないと消されないでしょうからね。

渡辺　他の人がヤフコメにひどい書き込みをしているのを見て、「これがみんなの本心だ」と思ったところもありそうですね。ちなみに私は彼にドン引きするところはいろいろあるんですけど、43人を襲って、うち19人を殺害して、その直後にエクレアを食べているところが本当に理解不能というか……。なんでそこで食べられるか。そこにものすごく異常性を感じるんですよね。

雨宮　それもそうだし、「夢でうなされることはないか？」と聞いたことがあるんですが、うなされないみたいですね。彼にとっては自分が殺した人たちは「人ではない」と思っているからかもしれない。

雨宮　裁判では、事件当時も翌日の現場検証でも血の匂いはあまり感じなかったって言ってましたよね。ただ、43人も刺したのであれば現場は相当な匂いだったはずで……。

渡辺　面会した時は、「返り血っていうのはあんまりない」と淡々と言ってました。映画のように、ブス、ブシャーッて出るものではないと。語り方がものすごく淡白なんです。

雨宮　そういう話をしていて、異常だと感じた瞬間はなかったんですか？

渡辺　うーん、常に淡白ですね。精神科医の松本俊彦さんが『開けられたパンドラの箱』で発言しているように、彼の中のドロッとした部分がなかなか見えてこない。当事者にしか語れない「秘密の暴露」みたいなものもないし、臨場感もない。常に淡白。

雨宮　そう言われると、彼は美容整形をしていますが、コンプレックスがそんなに見えてこない。本当に自身の容姿がコンプレックスで整形したっていう人は、あそこまでオープンに整形の話、できないと思うんですよね。

渡辺　そうですね。

雨宮　いちいちすべてが謎っていうか、すべてがあっさりさっぱりカラッと乾いている。

渡辺　彼は、犯行後の手記を『創』に書いていますが、コンビニでタバコとエクレアとコーラを買ったというところから始まります（『開けられたパンドラの箱』収録）。そして、津久井警察署に出頭して、「今、やまゆり園で起きた事件の犯人は私です。世界平和のためにやりました」というのですが、気づくと包丁で刺した時に右手の小指の肉がえぐれて、どんどん痛み出したので、「絆創膏をもらえますか?」と警察官に言うのですが、無愛想にシカトされて絆創膏をもらえず、《この時に、自分が犯罪者として扱われている自覚を持ちました》と書いています。自分をすごく客観的に見た文章なんですね。

その後も、警察署から車に乗せられて外に出ると、すごい数のシャッター音が聞こえたとか、窓ガラスはスモークだったとか、よくここまで覚えてるなというくらい事細かに書きつづっています。

最初に読んだ時、「直観像素質者」といいますか、見たものをそのまま記憶する能力——酒鬼薔薇事件の犯人の元少年Aがそうだと言われていますが、植松被告もそれに近い能力があるのではないかと思いました。それと、自分が今43人もの人を包丁で刺し、その血まみれの地獄を通ってきたとは思えないほど緻密なんですよね。事件のことはもう過去のこと、みたいな。

雨宮　なかなか珍しいですよね。

渡辺　今、生身の人間を殺してきたんだって感覚がまったく消失している。

雨宮　裁判を見ていて、植松被告は、みんなを笑わせていたんではなくて、みんなに笑われていたのではないかと何度か感じたんですけど、そういう部分でなかなか他人と共感し合えない生きづらさみたいなものはあったんでしょうか。

渡辺　それはあるでしょうね。ただ、植松被告は友達からバカにされていたというわけでもないんですよ。例えば幼稚園からの幼なじみによると、「さとくんには一目置いていた」と。植松被告の友人は中学・高校時代からケンカや窃盗などで警察のお世話になる人が多かったんだけど、さとくんだけは真面目だったと。

そして、何か一緒に悪いことをする時も、「『俺はそういうの興味ないから帰るわ』ってうちに帰るような奴だった」と。だからといって、低く見られたり、使いっ走りにされるなどということもなく、「さとくんのキャラクター」として認められていたそうです。ちょっと変わり者だけど、みんなに文句を言わせないだけの確固たる自分を持っていて、対等な友人関係だったと。

大学時代の友達も、植松被告は絵が抜群に上手いので、「サトシは天才じゃないかと思ってた」と言ってました。

雨宮　じゃあ、周りの友達も、なんであんな事件を起こしたのか意味わかんないって感じなんでしょうか。

渡辺　いい友達がたくさんいて、外見的には「リア充」ですよね。それでなぜ満足できなかったのか、さっきの幼なじみの友人に聞いたら、彼も「いや俺もまったく同じ台詞をさとくんに何回も言ったんだ」って言ってました。

雨宮　じゃあ彼は、特別な、スペシャルな何かになりたかったんですかね。世の中を変えるような。

渡辺　周りは認めてるんです。なのに、それを彼自身が受け入れない。勝手に自分をブサイクだと思い込んで整形したり。でも、それは彼に限ったことではなく、きわめて現代的というか、別に太ってもいない人がダイエットしなくてはと思い詰めたり、ハタ目には幸福そうに思える人が幸福感を感じられなかったり。他者の視点なきコンプレックス、自己嫌悪というのは、多くの人にありがちな感覚かもしれません。

雨宮　事件前の植松被告からは多くの友人が離れたようですが、それでも「心配だから」と付き合いを続けていた友人もいましたもんね。なのに、暴走した。

雨宮　それでは最後に、いろんなことが解明されないまま死刑判決が下ってしまいましたが、これだけは言っておきたいということはありますか。

渡辺　この事件が報じられるたびに、植松被告の主張も繰り返し報じられるわけですが、彼の主張は、その前提からして間違っていることを指摘する人があまりいない。それを僕は常々不思議だと思っているんです。

例えば、植松被告は「意思疎通のとれない障害者は安楽死させるべきだ」という主張から事件を起こしましたが、彼は「安楽死」という言葉を間違って使っています。というのは、現在オランダやスイスなど安楽死を合法化もしくは容認している国がいくつかありますが、そもそも安楽死とは、本人の明確な意思表示があって初めて認められるものです。「意思疎通のとれない障害者」を一方的に安楽死させるなどということは、安楽死が合法化された国であっても不可能です。過去にナチス・ドイツがそれを行っていましたが、それは「安楽死」ではなく、今では「虐殺」と呼ばれていますよね。

植松被告の考えに同調して、「日本でも安楽死を合法化すべきだ」などと言う人がいますが、安楽死という言葉の正確な意味を知った上でそう言っているのか、そこをまずしっかり確認しなくてはいけない。

それともう一つ、障害者を安楽死させるべき理由として、「障害者にかかるお金はムダだから」とか「それが財政難の元凶だ」などと植松被告は言っていますが、これも現実を見るとまったく違います。日本の年間の障害福祉予算は、国の一般会計のたかだか1%台くらいで、さほど大きな額ではないです。国際比較をしても、日本の障害者関係の公的支出(対GDP比)は、OECD諸国の中できわめて低い水準にあることは専門家の間では常識なんです。

さらに言うと、障害福祉予算というのは、別に障害者が飲み食いして懐に入れて浪費しているわけでは全然なくて、その大部分は健常者(介護者)の給料になっているわけですからね。

雨宮　まさに植松被告がもらっていた給料ですよね。

渡辺　そうですよ。そして、もらった給料の中から所得税を払い、住民税を払い、社会保険料を払い、日々の消費を行い、人によっては結婚して家庭を作り、その地域での暮らしを支えるお金になっているわけです。

そして、そうやって作られたケアの仕組みや福祉制度というのは、自分や自分の家族が困った時にもお世話になれるシステムです。障害のある人たちがいるおかげで、そうしたシステムが発達してきたことを考えると、逆に障害者の存在が、社会を助けてくれているとも言えるんです。

雨宮　今の話って、植松被告にもされましたか？

渡辺　もう何回もしています、何回も。

雨宮　なんて言いますか？

渡辺　途中からイライラして、聞く耳を持たなくなりますね。シャッターを下ろしますね。

雨宮　やっぱり……。

渡辺　でも、メディアもあの事件を報じると同時に、植松被告の考え方は根本から間違っていることをしっかり発信することが大切だと思います。

雨宮　本当ですね。そうでなければ、ただの「植松のスピーカー」になってしまう。自省も込めて思います。渡辺さんは今も事件の取材を続けているそうですが、それが書籍になることと、心待ちにしています。今日は本当にありがとうございました。

渡辺一史
わたなべ・かずふみ

ノンフィクションライター。1968年名古屋市生まれ。北海道大学文学部を中退後、北海道を拠点に活動するフリーライターとなる。2003年に刊行した『こんな夜更けにバナナかよ』（文春文庫）で大宅壮一ノンフィクション賞、講談社ノンフィクション賞を受賞、また、2018年には大泉洋主演で映画化され話題となる。他の著書に、サントリー学芸賞などを受賞した『北の無人駅から』（北海道新聞社）、本書対談のテーマである相模原障害者殺傷事件などについて論じた『なぜ人と人は支え合うのか』（ちくまプリマー新書）がある。札幌市在住。

あとがき

判決から2ヶ月後の5月18日、ある中間報告が発表された。対談で、渡辺さんが触れていた「津久井やまゆり園利用者支援検証委員会」の中間報告だ。

19年11月以降、やまゆり園で不適切な支援が行われていたとの情報が神奈川県に寄せられ、県が園に対してモニタリングを実施。1月には、専門家の調査が必要と検証委員会が立ち上げられ、検証が進められていたという。

中間報告では、やまゆり園で「長期にわたる虐待」があったのではないかと指摘された。例えば身体拘束。障害者虐待防止法では「正当な理由なく障害者の身体を拘束すること」は身体的虐待にあたり、拘束する場合には「切迫性」「非代替性」「一時性」の3要件が必要なことは渡辺さんとの対談でも触れた通りだ。が、やまゆり園では、3要件のうち、一つでも該当すればいいと認識していたという。また、24時間の居室施錠を長期間行うなど、一部の利用者に虐待の疑いが極めて強い行為が長期間、行われていたという。

さらに報告書は、やまゆり園は、特に対応が難しい「強度行動障害」がある人の支援を行う施設と位置付けられているものの、なぜ強度行動障害が起きるのかを評価して計画を作り、支援するという「エビデンスに基づく支援をしていることが確認できない」と指摘。組織として身体拘束が重大な人権侵害であると認識するよう求めた。

かながわ共同会の草光純二理事長は、身体拘束の3要件を厳守しなかったことなどは認め、「再発防止に取り組む」とコメントしたが、24時間の居室施錠については「食事、トイレ、入浴時には開錠していた」などと反論した。

裁判が終わってようやく、やまゆり園という施設のあり方が問われ始めたわけだが、神奈川県はこの中間報告をもって検証を終了させる方針だという。これには各方面から疑問の声が上がっている（※その後批判を受けて6月26日、県は検証続行を表明）。

16年7月、事件が起きてから、多くの関連イベントや集会に参加してきた。その中で、やまゆり園において「不適切なケアがあったのでは」という声を幾度か耳にしていた。だからこそ、渡辺さんが対談で語ってくれた元入所者・松田智子さんの話は衝撃だった。彼女は、植松被告が障害者をしきりに「かわいそう」というようになった際に必ず出てくる「1日中、車椅子に縛り付けられて」いたその本人である。その彼女が今、別の施設で資源回収の仕事ができるまでに元気になっているなんて。

一方で、思う。

もし16年7月、植松被告があの事件を起こさなければ、彼女はおそらく、今もやまゆり園で1日中、車椅子に縛り付けられていたのだろうと。そのことを思うと、スッと背筋が寒くなる。

が、今も日本中の障害者施設、あるいは高齢者施設では、そのような「安全第一」の対策が多くとられている。「現場を知らないのに甘い」と言われたらそれまでだ。だけど、やっぱりその光景は、残酷だ。自分が、自分の大切な人がそうされたら、辛い。

遺族、被害者家族、元入所者家族の中には、「やまゆり園は本当にいいところだ」「ありがたい」「お世話になった」と口にする人がいる。一方で、やまゆり園の支援のあり方を疑問視する家族にも会ったことがある。また、やまゆり園云々ではなく、事件直後には「大規模施設ではいつかああいう事件が起きるとどこかで思ってた」と話した福祉関係者が少なくなかったことも覚えている。

重度障害者であり、参議院議員の木村英子氏は、判決を前にした朝日新聞のインタビュー（2020／3／10）で「意思疎通のとれない人は社会の迷惑」「重度障害者がお金と時間を奪っている」という植松被告の主張に対し、以下のように述べている。

「同じようなことを施設の職員に言われ続けました。生きているだけでありがたいと思えとか社会に出ても意味はないとか」

生後8ヶ月の時、歩行器ごと玄関に落ちて障害を負った木村氏は、幼い頃から18歳までの大半を施設で過ごしている。優しい職員もいたが、そこは「牢獄のような場所」だったという。

「一番嫌だったのは『どうせ子どもを産まないのに生理があるの？』という言葉です。全ての施設がそうとは思いませんが、私がいたのはそういう施設でした。自由のない環境で希望すら失い決まった日常を過ごす利用者を見た人たちが、『ともに生きよう』と思えるでしょうか。偏見や差別の意識が生まれたとしても不思議ではありません」

彼女の言うように、すべての施設がひどいとは思わない。また、木村議員が施設に入っていたのは40年ほど前のことである。

が、その話で、ある人のことを思い出した。私の大好きなバンド「スーパー猛毒ちんどん」のことだ。メンバーの多くは知的障害者。普段はリサイクルショップで働くメンバーたちは、ライヴになると白塗りメイクをして派手な衣装に身を包み、ステージ狭しと暴れまわる。そんなスーパー猛毒ちんどんのメンバーの中には、施設に入っていた人も何人かいる。ある男性は、10年間ほど入っていたそうだ。が、その時の「思い出」を聞くと、一つも思い出せないというのだ。5人くらいの部屋だったのに、同室の人の名前も思い出せない。施設を出て地域で暮らすようになってからのことはよく話すというのに、10年間の記憶がほぼ抜け落ちている。現在はバンドメンバーとして活躍している彼だからこそ、「施設時代」がそれほど空白の時間だったということに衝撃を受けた。環境によって、人は変わる。大きく可能性を得たり、失ったりする。植松被告はやまゆり園で働くうちに「生きている意味があるのかと思うようになった」そうだが、地域で暮らし、様々な人と繋がっていたり、「スーパー猛毒ちんどん」のようなバンドで人気を博していたりしたら、おそらくそんなことは思わなかっただろう。

参考……毎日新聞2020/5/27 やまゆり園で「長期にわたる虐待の疑い」 神奈川県検証委が中間報告
https://mainichi.jp/articles/20200526/k00/00m/040/146000c
やまゆり園の虐待調査、コロナに乗じて闇に？ 神奈川県の中止宣言に疑問の声
毎日新聞2020/6/18
https://mainichi.jp/articles/20200618/k00/00m/040/151000c

ここで「まえがき」でも紹介した、最首悟さんの文章に戻りたい。

重度障害がある娘を持つ最首さんは、雑誌『コトノネ』32号で以下のように語っている。

「わたしの教え子で障害者福祉に携わるものに言わせると、植松青年の犯行の原因は、『優生思想でも、なんでもない。単純な嫉妬ですよ』ってことです。社会的に何もできないものが、優遇されてノウノウと生きているのに対するやっかみだって。それに引き換え、おれは生活保護一つ取るのだって大変なのに、という」

植松被告は、障害者が自分と比較して「守られて」いるように見えたのではないか。守られ、ケアされる存在。かたや自分はどこにも守られず、剥き出しの競争社会に投げ出され、「自己責任で勝ち抜け」「役に立つ人間でないと生きる資格などない」という脅迫を日々受け、値踏みされている。毎日、毎分、毎秒。社会の物差しは「役に立つかどうか」だけではない。見た目だって評価の対象になるから彼は美容整形と医療脱毛にも励む。そうして必死で「努力」している彼の目に、障害者は「努力せずに生きることを許されている特権階級」のように見えたのでは

ないか。

精神科医の斎藤環氏は、『開けられたパンドラの箱』の中で、以下のように語っている。16年に収録されたインタビューだ。

「植松被告は津久井やまゆり園で働く過程で、障害者は存在自体が不幸だという考えを持ってしまったわけですが、どうしてそうなっていったかについて検証が必要です。恐らく入職した時は、わりと社会貢献したいといった動機が強かったと思うのですが、障害者の現場というのは、やはり甘くない。ネットでもいろんな人が書いていましたが、意思疎通が難しい、言うことをきかない、そして職員は疲弊している。そうした姿を見ていると、まあ『人格があるのかね』と言った石原慎太郎じゃないですが、『心があるかどうかわからない存在のために、まともな人たちが苦労していいのか』という、誤った義侠心や正義感の方に行ってしまう怖れがあります」

植松被告には、それに加えて被害者意識すらあったのではないか。社会全体が、世界全体が、彼らに使われるお金のために脅かされている。だからこそ、この「オオモト」を絶たねば。そんな危機感すら垣間見えるのだ。

では、生きるに値するのはどんな人なのか。

法廷や面会で見た彼の他人への評価基準は「カッコいい」と「頑張ってる」である。トランプ大統領を「カッコいい」と絶賛し、安倍首相について「頑張ってる」と支持を表明する。それ以外にも法廷で「頑張ってる」は人を評価する言葉として何度も出た。そこに垣間見えるのは、「頑張り」に対する信仰だ。とにかく頑張ることは尊いこと。そして自分は頑張ってる、頑張ってきた、それなのにまったく頑張らない奴らがいるのは許せない、頑張らないのに生きていることが特権的に許されているなんて不公平だ、自分にはこんなにも頑張ってきたのに——。

一方で、法廷では彼の孤独と苛立ちも垣間見えた。

「障害者はいらない」と言うようになってからどんどん離れていった友人。イルミナティカードの予言も、世界を塗り替えるような自分の主張も、まともに取り合わない人たち。

精神科医の松本俊彦氏は、死刑判決が出た後、『創』にて以下のように書いている。私の「笑われているのでは」という発言に対する言及もあるので引用したい。

「様々な情報、とりわけ『創』誌に連載されてきた篠田さんの記事を読むかぎり、被告の人物像として浮かび上がってくるのは、『邪悪なサイコパス』ではない。それどころか、家族と和やかに食事をとり、テニスに興じるなど、年齢の割に家族との距離の近い点に幼ささえ感じる。あえていえば、『おっちょこちょい、お調子者の早とちり』といったイメージだ。

何よりも人格に深みがない。少なくとも障害者のありように関して真摯に考えてきたとは到底思えないのだ。たまたま知った『気になる言葉』を拾い集め、自分流に解釈し、つなぎ合わせただけ。彼の信念や主張にはそういう子どもじみたところがある。

しかしそれでも、相手にしてくれる人はいただろう。少なくとも、『多くの人が内心ではそう感じてはいるものの、体面をはばかって普通は口にしないことを言ってくれた』という率直さを評価され、『まあ、根は悪い奴じゃないからさ、変なこと言っても許してよ』くらいには弁護してもらえただろう。

ここで思い出すのは、雨宮処凛さんがどこかに書いていた、『彼はみんなを笑わせていたのではなく、みんなに笑われていたのではないか』という発言だ。この言葉を読んだとき、私は、『そうそう、まさにそんな感じ』と思わず膝を打った記憶がある。

もしかすると周囲の人たちは、彼の極論的な考えを否定し、『バッカじゃない』と笑い飛ばしつつも、その率直さにある種の憎めなさを感じたのかもしれない。そして事件とは関係ない、一般の臨床場面で遭遇すれば、『なんか発達の偏りがありそうだ』と捉える専門家だっていたかもしれない。そして、そういう人たちがしばしばそうであるように、当の本人は、自分の考えを面白い冗談として笑い飛ばす周囲の反応に不満を抱き、内心、『なぜみんなわかってくれないんだ』と、孤独を感じていたのではなかろうか?

ここから先は私の空想だ。彼は、そのおっちょこちょいな早とちり的な信念を自慢げに話すのだが、なぜか周囲は笑い飛ばし、あるいは否定し、まともに受け止めてくれない。そのたびに彼はムキになって抗弁し、ますます頑なに自分の考えに固執する。それはそれで孤独な状況

だったのかもしれない」（『創』２０２０年５・６月号）

これを読んで、深く頷いた。

法廷で、友人たちの供述調書で、植松被告がムキになっている様子は伝わってきた。こんなに重大な話をしているのに、わかってくれない、わかろうとしない、理解しようとしない友人たちへの苛立ち。初期の法廷を見て、記者たちと「なんでわかってくれないんだ、思い知らせてやるっていう友人たちへの思いがあったかもしれないですね」と話したことを覚えている。

ちなみに植松被告の立ち位置については、仲間うちで「下っ端も下っ端だった」という証言もある。『妄信 相模原障害者殺傷事件』（朝日新聞出版）に登場する「遊び仲間で同級生の男性（26）」だ。彼は植松被告に刺青を見せられた時のことに触れ、以下のように言っている。

「不良ぶるというか、自分を強く見せたかったんだと思う。それまで仲間うちでは、下っ端も下っ端だったから」

認められていたのか、下っ端だったのか、それとも対等に仲間として受け入れられていたのか。

しかし、客観的にどう見えようとも、植松被告の「独特の受け取り方」は常に私たちの想像の斜め上を行く。やはり、生育歴はもっと掘り下げられてほしかった。

さて、この原稿をまとめる作業のほとんどを、私は緊急事態宣言下の東京でした。

新型コロナウイルスという得体の知れないウイルスに怯えながら書いた本とも言える。

そうして本書を書き終えようとしている今、植松被告の「バケモノ」という言葉を思い出している。「意思疎通のできない重度障害者」を「心失者」と名付ける前、そう呼んでいたそうだ。その言い方はあまりにもひどいが、なんらかの属性を持った者を「得体の知れないモンスター」に仕立て上げ、排除・攻撃しようとするという作法はこの社会ではいつからかよく見る光景になっている。彼の心象風景は、得体の知れないモンスターに国家が侵食されている、攻撃されている、社会防衛のために今こそ自分が立ち上がらなければ、というものだったのではないだろうか。そう考えると、あの被害者意識と変な使命感に少しだけ説明がつく気がするのだ。

彼はおそらく、何かと戦いたかったのだろう。戦う姿を誰かに見てもらいたかったのだろう。そして褒められ、評価され、認められたかったのだろう。しかし、そんな「出番」はいつになってもやってこない。

本当は、役に立たなくても、生きているだけで価値があるのに。何もしなくても、命には価値があるのに――。

しかし、そんな言葉を口にする人間が「現実を何もわかっていないお花畑」と嘲笑される時代でもある。

緊急事態宣言下の東京で本書をまとめながら、私は生活困窮者の支援活動もしていた。コロナの影響で仕事がなくなり、ネットカフェが閉鎖され、所持金数十円で支援団体にSOSを求めた男性の生活保護申請に同行し、夜回りをしてホームレス状態の人に支援の情報を渡し、電話相談の相談員などをしていた。

家賃が払えない、食料をもらえるところを知らないか、2、3万でいいから貸してほしい、昨日ホームレスになった、もう3日食べてない、犬と一緒にアパートを追い出されて行き場所持金もない、犬も自分も昨日から食べてない――。そんな悲鳴を聞きながら、思った。確かにこの社会は命を大切になどしていない。「どんな人だって価値がある」なんて言葉が妄言とバカにされるほどに、多くの命が踏みにじられている。

だからこそ、建前や綺麗事を復権させていかなければならないのではないか。命は大切だし、人の命を財源で語るなんておかしいし、誰だって、どんな状態だって、生きてるだけで価値がある――。

いや、本心からそう思っているかと言えば、私だってわからない。本音を言えば、自分自身だって自分の生存をどう肯定していいかわからない。特に10代、20代は自殺願望の塊でリストカットばかりしていた。自分なんて生きてちゃいけないと思っていた。

だけどこの14年、「無条件の生存の肯定」という言葉をスローガンにしてさまざまな活動をしてきた。

この言葉は、フリーターやワーキングプアの運動が盛り上がった06年に現場から生まれたものだ。貧乏すぎてもう食えない、先のことなんか考えられない。そんな地平から逆ギレしたように「生きさせろ!」と叫び始めた当時の若者たちは、「企業の営利活動の役に立つ者だけに価値がある」という価値観に真っ向から抵抗し、「無条件の生存の肯定」を掲げたのだ。言い換えれば、「役立たずでも堂々と生きるぞ！」という開き直りである。

そんな貧乏人たちのスローガンは「貧乏人はのさばるぞ！」「役に立たないぞ！」「金持ちの家の周りを意味もなくウロウロするぞ！」「タダ飯を食うぞ！」などと良くわからない方向に進化していき、メーデーともなれば「残高ゼロ円！」「内定取り消し！」「残業反対！」「早起き反対！」「労働反対！」「週休7日！」などとコールしながらデモに繰り出した。

このような「役立たずの開き直り系」運動にどっぷりとハマったことによって、私は「役に立たなきゃ生きる価値がない」というこの国で一番メジャーな宗教から解放された。

しかし、このような運動は下の世代にはほぼ継承されず（同世代にもそれほど広まらず）、20代、30代と話すと彼ら彼女らには当たり前のように「経営者マインド」が搭載されていることに気づかされる。

そんなふうに、「力づく」で「生存」を肯定できるようになった（というか開き直った）一方で、植松被告のあの「役に立たないといけない」というヒリヒリした感覚は、どこかとてもわかるのだ。

さて、植松被告が「日本は滅びる」と繰り返した6月、ついに日本は滅びなかった。

刑が執行されるまでの時間、彼はどう変わっていくのか、それとも変わらないのか。

最後に。

犠牲になった19人の方々に、改めて手を合わせたい。

雨宮処凜

あまみや・かりん

1975年、北海道生まれ。作家・活動家。フリーターなどを経て00年、自伝的エッセイ『生き地獄天国』(太田出版/ちくま文庫)でデビュー。06年からは貧困問題に取り組み、『生きさせろ! 難民化する若者たち』(07年、太田出版/ちくま文庫)はJCJ賞(日本ジャーナリスト会議賞)を受賞。著書に『「女子」という呪い』(集英社クリエイティブ)、『非正規・単身・アラフォー女性』(光文社新書)、『ロスジェネのすべて　格差、貧困「戦争論」』(あけび書房)、対談集『この国の不寛容の果てに　相模原事件と私たちの時代』(大月書店)など多数。

装　　丁：黒瀬章夫(Nakaguro Graph)
編　　集：浅井貴仁(ヱディットリアル株式會社)、村上 清
編集協力：松永大地

参考文献：『開けられたパンドラの箱　やまゆり園障害者殺傷事件』
創出版　月刊『創』編集部編
『妄信　相模原障害者殺傷事件』朝日新聞出版　朝日新聞取材班
「津久井やまゆり園事件検証報告書」
https://www.pref.kanagawa.jp/uploaded/attachment/853791.pdf

相模原事件・裁判傍聴記

「役に立ちたい」と「障害者ヘイト」のあいだ

2020年7月26日第1版第1刷発行

著　　者：雨宮処凜
発 行 人：岡聡
発 行 所：株式会社太田出版
〒160-8571
東京都新宿区愛住町22　第3山田ビル4F
電　　話：03(3359)6262
振　　替：00120-6-162166
ホームページ：http://www.ohtabooks.com
印刷・製本：中央精版印刷株式会社

ISBN978-4-7783-1709-6 C0095 ©Karin Amamiya,2020